樂律

探究積極人格 × 轉化消極自我 × 識讀微表情

喜怒哀樂沒有好壞之分，學會調節心情，靈活應用各類場景

U0078213

王小軍 著

因為**挫敗**太頻繁，所以需要

情緒心理學

9 大積極思維 | 14 個情緒困境 | 9 種表情密碼 | 4 招情緒急救

幫你 1 秒轉換消極思維，長久提升積極心態，
擺脫情緒束縛，暢享輕鬆生活！

目錄

■ 目錄

前言

　　俗話說，人有七情六欲。喜、怒、憂、思、悲、恐、驚皆是人們的精神意識對於外界客觀事物的不同反映，遇見我們喜歡的事物，我們會產生喜愛的情緒；看到自己厭惡的事情發生，會產生憤怒的情緒；看到害怕的事物，會產生恐懼的情緒等等。這些都是人類生命活動的正常現象。

　　當然，喜、怒、憂、思、悲、恐、驚只是人們的七種基本情緒，在不同的情況下，人們還會產生「愛恨交織」、「惱羞成怒」、「悲喜交集」、「喜憂參半」等複雜的情緒。心理學家們經過研究發現，人類情緒之多竟然達到幾百種，很多情緒甚至是語言無法形容的，但這些情緒無不與人們的生活息息相關。

　　情緒沒有好壞之分，只能定性為消極與積極或正面與負面。我們能夠區分的只有不同的情緒會引發的後果的好壞。情緒也無法被消滅、被摧毀，我們能做的只是對自己的情緒進行疏導、管理和適度控制，使之與我們的信念和行為準則統一起來。

　　古人認為，情緒與人的五臟六腑有著密切的關係。情緒在適度的情況下並不會使人生病，但如果某種情緒長期或者突如其來地強烈刺激人的精神，超過了人們所能夠承受的極限，就很容易引起人們身體上的疾病。情緒不僅受到激素和神經傳遞物的影響，還會與人的性格、心理等因素產生相互作用。不同的情緒影響下，人們的行為舉止及心理活動會有明顯的區別。可以說，情緒是引發人們心理活動和行為舉止的原動力。

　　人們在喜愛他人時會忍不住將告白脫口而出，委屈時會對周圍人大吐苦水，憤怒時會對某些人大打出手，煩悶時會口不擇言傷害他人……這些行為無不與情緒有著千絲萬縷的關聯。憤怒能讓一個人失去理智，背棄自己做人的行為準則；仇恨能夠扭曲人的靈魂，讓純真善良的人內心充滿殺戮的衝動；愛能夠讓兩個人相互扶持，走過動盪的歲月；思念能夠讓人忘卻時間的流逝和生死的阻隔。情緒的力量之強，有時候甚至超乎了我們的想像。

　　正如心理學家們所說的，「情緒是把雙刃劍」，它對人們有積極的影響，也有消極的影響，積極情緒能促進人們的身體健康和人際關係的和諧，消極情緒會危害人們的身心健康，破壞人際關係的和諧與穩定。其中的關鍵在於我們是否

能夠控制自己的情緒，最大限度地發揮積極情緒的作用和降低消極情緒的破壞力。

那麼，如何控制好自己的情緒，讓情緒發揮積極的作用，促進自身的發展，則成了我們每個人必須思考的問題。

第一章

走進情緒的世界

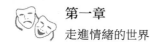
（一）揭開神祕面紗
── 情緒是什麼

　　何謂情緒？世界一流的神經科學家安東尼奧·達馬西奧（António Damásio）認為：情緒是對我們身體狀態的直接觀察，是身體和以生存為目的的身體調節之間的連接，同時還是身體和意識之間的連接。簡而言之，情緒就是一個人的情感體驗，喜、怒、憂、思、悲、恐、驚皆是人類的情緒。從科學的角度來解釋，情緒是人們在生理反應基礎上的一種主觀體驗。當人們做出某種行為時，他們有可能事先思考過這種行為能否達到自己的目的，如果他們預想的結果變成了現實，那麼無論結果好壞，他們之前已經有了心理準備，就不會有太大的心理落差，更不會從心理上感到難以接受；但如果現實和預想的結果截然相反，那麼這個出乎意料的結果就會讓他們產生異樣的情緒，因為結果偏離了他們的預期。

　　例如：如果一個學生努力了整整一年，參加期末考試的時候考出了一個好成績，那麼他的內心必然生出滿足和驕傲的情緒；但如果考試的結果並沒有他預期的那麼好，那麼他的內心就會因為沒有看到之前的付出所帶來的回報而產生嚴重的心理落差，進而難以接受，陷入悲傷、失望的負面情緒

中。因此，目的達到與否形成的兩種不同的結果，帶來的情感體驗也不相同。也就是說，無論主觀目的是否能夠達到，人們都會因此而產生情緒。

那麼，人類是從什麼時候開始產生情緒的呢？這一點可以追溯到人類的嬰兒時期。風靡全球的美國喜劇動畫電影《腦筋急轉彎》已經把「什麼是情緒」、「情緒是怎樣產生的」演繹得非常到位了。在電影中，女嬰萊利從出生開始就有了歡樂、憂傷、害怕、厭惡、憤怒五種情緒，皮克斯動畫工作室以擬人的方式將這五種情緒變成五個情緒小人 —— 樂樂、憂憂、怕怕、厭厭、怒怒，五個小人彼此和諧相處，萊利的情緒就很正常。在萊利的童年時期，一直是由代表歡樂的樂樂來掌握萊利的大腦的，萊利也因此成了一個積極樂觀的小女孩，整天無憂無慮，在童年時期留下了很多美好的記憶。但由於父親工作的變動，萊利一家搬到了舊金山，在新環境中的種種不適應導致樂樂越來越難以控制萊利的大腦。由於一次失誤，樂樂和代表憂傷的憂憂離開了大腦主控室，迷失在萊利的腦中世界裡，控制萊利大腦的只剩下分別代表害怕、厭惡、憤怒的怕怕、厭厭和怒怒，萊利也從最初的快樂小女孩變成了一個憤世嫉俗、叛逆乖張的孩子。最後樂樂和憂憂穿越重重阻礙，重回大腦總部，才讓萊利找回了以往的快樂。

動畫固然有誇張和想像的成分，卻道出了情緒之間的關係，也從側面點出了人類情緒產生的時間。最新研究證明：嬰兒在成長的過程中感覺能力也在飛速發展，並能夠將自己的情緒表達出來，如大哭、微笑等。嬰兒在聽到親人的聲音和感受到撫摸的時候會覺得安全和舒適，從而產生愉悅的情緒，不由自主地露出微笑。

人們在產生情緒的同時，身體動作上也會有相應的反應，不同的情緒導致人們出現的反應也不同。例如：出門看到經常見面的鄰居，我們會禮貌地報以微笑；見到闊別多年的摯友，我們內心的激動和興奮就遠遠不是一個社交性質的微笑能夠表達出來的，我們可能會興奮得熱淚盈眶，撲上去給對方一個大大的擁抱。這就是不同情緒導致身體出現的不同反應。情緒越強烈，就越能夠讓我們的行為舉止染上鮮明的感情色彩。

至於情緒的類型和強弱程度，則要根據當時的情境來進行具體分析和判斷。由清代小說家吳敬梓創作的諷刺小說《儒林外史》中的名篇〈范進中舉〉，寫到范進寒窗苦讀多年，連考二十多次都沒有考中，受盡了眾人的冷嘲熱諷，後來好不容易借了盤纏參加考試，本來以為自己依舊會名落孫山，沒想到這一次竟然真讓他考上了舉人。本來這是一件大喜事，但他驟然聽聞自己考中的消息，竟然激動得難以自

控，高興得昏了過去，再醒過來的時候人已經瘋了，只會在嘴裡唸叨著「中了」、「中了」兩個字。直到眾人找來范進一直以來都畏懼的胡屠夫，胡屠夫狠狠地給了他兩記耳光，他才從瘋瘋癲癲的狀態中清醒過來。由此可見，人們的情緒波動都會在語言和身體的動作上展現出來。身體動作上表現得越明顯，就說明人們的情緒越強烈。比如：喜的外部表現會是手舞足蹈，怒會是咬牙切齒，憂會是茶飯不思，悲會是痛心疾首等等。這些都是情緒在身體動作上的反映。

情緒是人們維持生存的過程中必不可少的一部分，有了情緒，我們的生理機能才會被充分調動，我們的心理活動才得以進行。情緒也是社交活動中的重要手段，各種情緒能讓我們在人際交往中充分展現自我。快樂讓我們能夠以熱情的態度向他人展現善意，結交新的朋友；同情心和同理心讓我們懂得維護與他人之間的關係；明顯的喜惡讓我們和三觀相同的人之間的關係更加緊密與和諧，也讓個人與集體之間有了連接的紐帶。

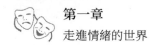
（二）情緒與情感
—— 微妙的區別與連繫

　　小李下班回到家裡，發現隔壁鄰居老兩口正吵得不可開交。張阿姨揮著鍋鏟，臉氣得通紅，大聲地罵著張叔叔；張叔叔氣得橫眉立目，用手直拍著客廳的餐桌，嘴裡還不停地反駁。小李連忙上前勸架，好不容易將兩個爭吵的人分開，小李拉著張阿姨詢問情況，在阿姨大聲的控訴中小李明白了兩人吵架的原因。原來是張阿姨做飯的時候發現醬油用光了，就讓張叔叔下樓去附近的超市買醬油，可是她左等右等也沒等到張叔叔回來，還以為出了什麼事，連忙關了火下樓去找張叔叔。等她去超市裡一問，店員說張叔叔買完醬油就離開了，買個醬油的工夫人怎麼就失蹤了呢？張阿姨頓時就著急了，跺著腳直掉淚，埋怨自己不該讓老公下樓去買東西。

　　幸好一旁的路人提醒她說可以先去張叔叔平時經常去的地方或者朋友家找找，張阿姨這才匆忙趕到社區內的小花園，果然在小花園裡找到了張叔叔。張阿姨找到人的高興在看到老爺子正在做的事情時馬上被憤怒取代，原來老爺子不著家是忙著和自己的老朋友下象棋呢，氣得張阿姨上去就把

象棋桌給掀了。張叔叔知道自己有錯在先，沒當場發出火來，直到兩人回到家張阿姨開始數落他的時候他才情緒爆發，和張阿姨吵了起來。

眼看心裡的委屈有了合適的傾聽者，張阿姨的話匣子就打開了，還翻起了以前的舊帳。張阿姨說起了年輕時候的事：「剛結婚沒多久我就發現他身上的各種毛病都暴露出來了，那時候我就一直勸著他改，改了這麼多年，半點效果都沒有。」小李開玩笑地說：「江山易改、本性難移啊，您既然年輕的時候就發現張叔叔身上毛病不少，當時怎麼沒跟張叔叔分開呢？」張阿姨嗔怪地瞪了小李一眼，說道：「你們現在的年輕人怎麼一言不合就要分開呢？誰家過日子沒個拌嘴的時候呢！再說了，那時候我們早就相處出感情來了，真要離開他，心裡還捨不得。」小李順勢勸了幾句，兩個老人彼此冷靜了一下，心裡的怒火也漸漸消了下去，不一會兒就又重歸於好了。短短時間內，從之前的劍拔弩張到現在的和平相處，看得小李既滿足又驚奇，嘆道：「感情可真是個奇妙的東西啊！」

情緒、情感、感情、心情、感覺這幾個詞語是我們經常掛在嘴邊的，這些詞語不僅看起來極其相似，本質上也有著相通之處。情緒與情感的相同點在於兩者都是人們對事物的態度的體驗，是特殊的主觀體驗，會表現出顯著的身體、生

理變化，以及相應的面部表情及行為等，它們都會如實地反映出人的需求是否得到了滿足。但是如果仔細比較起來，我們還是能夠發現情緒與情感之間的較大差別。

情緒在我們的日常生活中可謂無處不在，我們所感受的喜、怒、哀、樂皆是情緒，它是一系列主觀認知經驗的通稱，是多種感覺、思想和行為綜合產生的心理和生理狀態。和情感一樣，它們都是十分複雜的心理現象，但不同的是情緒是與生俱來的。

嬰兒從一出生就懂得哭泣和微笑，這與人類的生理需求相關。當人類尚處於嬰兒狀態的時候，他們還沒有形成成熟完善的語言系統，自然無法透過語言來表達自己的生理需求，冷了、熱了、餓了、想喝水了，都無法清晰地表達出來，他們需要透過情緒的發洩使看護他們的大人明白和滿足他們的需求，所以情緒與人們的生理性需求有著密切的關聯。

情感則不同。相比情緒，它和人的社會性需要有著更為密切的連繫。情感既是人們對世界上各種事物的態度，又是人們對客觀事物的一種反映形式。所以我們才會聽到有人說「我喜歡你」、「我愛你」、「你令我感到厭惡」或「我恨你」這些帶著強烈情感色彩的話。

人在生下來的時候並不懂得什麼是情感，隨著我們心智的發展和成熟，我們才會逐漸對身邊的人生出感情來。嬰兒

在長到幾個月大的時候會對經常照看他的人產生依賴感，很多養育過孩子的家長都有這樣的體驗：孩子根本離不開人，不管什麼時候，只要孩子睜開眼瞧瞧四周，沒有看到令他感到安心的那個人，孩子就會哭鬧不止；見到陌生人則會躲到媽媽的懷裡不讓對方抱，被不熟悉的人抱著還會大哭。這時候嬰兒對照看者的依戀就不能簡單地被稱為情緒了，因為孩子已經對照看者產生了依戀之情。

很多人在小的時候有過養小動物的經歷。當家裡的環境不適合養小動物的時候，父母多半會告誡孩子：「不要幫小動物取名字，因為取了名字就有了感情，有感情之後再送給別人養就會捨不得了。」在發現一個小動物的時候，孩子的心情是又驚又喜的，而當他們養育了小動物一段時間之後，經過長時間的相處，這種喜悅情緒就會慢慢累積，進而逐漸演變為一種情感。這個時候將孩子熟悉和喜愛的東西從他們身邊奪走，孩子自然會捨不得，因為他們在照顧小動物的過程中就已經對小動物產生了感情。

情緒和情感的區別還展現在，情緒是人與動物共有的。近年來，猛獸被激怒進而對人類做出攻擊行為的新聞不時見諸報端。國外一名小女孩在動物園裡觀賞大猩猩的時候，隔著玻璃對著黑猩猩做出了雙手捶打胸膛的動作，本來小女孩只是為了好玩，沒想到黑猩猩突然握緊雙拳衝上前來猛捶

玻璃。倘若不是有一層玻璃擋著，只怕小女孩早已遭遇不測了。原來，在黑猩猩的肢體語言中，雙手捶打胸膛表示示威，小女孩的行為無疑是在向黑猩猩挑釁，所以被激怒的黑猩猩瞬間暴起，做出了攻擊人類的舉動。除此之外，動物園裡的老虎被遊客近距離逗弄之下發起攻擊的新聞也屢見不鮮，這說明動物也會憤怒，而且動物的情緒不只有憤怒，牠們還會有嫉妒、悲傷、絕望的情緒。

飼養狗的人細心觀察的話不難發現，狗在興奮的時候尾巴會搖個不停；自家的狗在看到主人撫摸別的狗時，會湊上前拍打主人，或者擠到主人與別的狗之間，有的狗還會撕咬跟自己「爭寵」的外來狗。由此可見，狗也是有嫉妒心的。

黑猩猩的幼崽在看到母親的屍體時會十分悲痛，精神萎靡不振，整天守在母親的屍體旁邊，企圖喚醒母親，同時拒絕與其他猩猩一起離開，也拒絕進食，最終在母親死亡不久之後隨之而去。更為奇怪的是動物的自殺現象，1932 年，在英國的一家動物園中，遊客們竟然親眼看到一隻猴子用繩子打了個索套，然後把自己的腦袋套進去，雙腳一蹬吊死了。這不由得讓人猜測，動物也有絕望的情緒，甚至會被絕望的情緒操縱著終結自己的生命。

阿瑞和自己的女朋友小潔約好了一起去參加一個明星的粉絲見面會，結果阿瑞要出門的時候被宿舍裡的同學給攔住

了，同學說他有急事需要出去一趟，但他的鑰匙不見了，得有人留下來幫他開門，並承諾快去快回。阿瑞一看時間還早，女朋友又是經常遲到的人，就答應了對方。結果阿瑞沒想到平時拖拖拉拉的小潔這次為了自己喜歡的明星，居然提前到了約好的地方。發現阿瑞竟然還沒到，小潔頓時心中生出不滿，一打通阿瑞的電話就開始質問他為什麼現在還沒有到，阿瑞向小潔解釋了自己遲到的緣故，在小潔的「快點過來，別耽誤正事」的聲音中掛斷了電話。

同學回來得很快，但阿瑞出門的時候恰好遇上了塞車，眼看粉絲見面會就要開始了，小潔打電話給阿瑞的語氣也變得嚴厲起來。阿瑞本來遇上塞車心裡就已經很著急了，聽到女朋友的抱怨他更坐不住了，在路上攔了一輛機車飛快地趕向約會地，但還是晚了一步。當他們趕到見面會現場的時候，小潔喜歡的偶像早就和粉絲互動完離開了，小潔氣得拎起包砸向阿瑞。阿瑞知道自己有錯也不敢反抗，等小潔發完脾氣，阿瑞跑到了後臺，在後臺看到了偷偷溜去買冷飲的偶像，他連忙通知小潔過來。小潔趕到的時候恰好和自己喜歡的偶像打了個照面，憤怒和失落的情緒一掃而空，拿到明星的簽名合照後，她更是興奮得似乎要飄起來，抱著阿瑞連叫了好幾次「親愛的」。看到她的笑臉，本來自責不已的阿瑞心情也好多了。

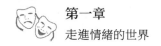

　　小潔對偶像的喜歡就是情感，這種情感是穩定的，不會在外界影響下輕易發生變化。但情緒就不一樣，受到環境的影響，情緒的變化是複雜而微妙的。

　　從人的反應上來看，情感和情緒也有著明顯的差別。人的情緒是多變的、不穩定的，開心的人轉瞬間可能就會泣不成聲，滿懷期待的人也可能一轉眼就萬念俱灰，這些情緒都會因為周遭環境的改變而發生變化。相比情感，情緒還具有情境性、衝動性和短暫性的特徵，我們常常說的「怒從心上起，惡向膽邊生」就是一種比較衝動的情緒，這種情緒的產生源於外部環境的刺激，而且這種情緒本身可持續的時間非常短暫。在這種極端情緒的控制下，人們往往會做出錯誤的舉動，一旦冷靜下來便會後悔不已。

　　然而情感卻不是如此。在西方的婚禮上，牧師會分別對著新郎和新娘說出一段誓詞：「×××，你是否願意娶×××為妻，愛她、安慰她、尊重她、保護她，像你愛自己一樣。不論她生病或是健康、富有或貧窮，始終忠於她，直到離開世界？」「×××，妳是否願意嫁×××為妻，愛他、安慰他、尊重他、保護他，像妳愛自己一樣。不論他生病或是健康、富有或貧窮，始終忠於他，直到離開世界？」

　　這段誓詞實際上就是在詢問一個人對另外一個人的情感是否會因外界環境的變化而發生改變。人的感情相對情緒來

說是比較穩定、深刻和持久的，它是一種對人對事穩定的態度，儘管不顯露於外，卻不容忽視。舉例來說，孩子打碎了父親心愛的花瓶，父親儘管生氣，卻不會做出拋棄孩子的舉動；男人弄壞了女朋友心儀的化妝品，女朋友即便生氣也不會輕易提分手；好朋友之間產生了分歧，即便有爭吵卻不會老死不相往來。因為情感具有持久性和穩定性，人們即便會因為某件事情產生了短暫的負面情緒，也不會因此而了斷一段感情。

也正是由於情感的穩定性、深刻性和持久性，我們才能夠看到這世界上有很多至死不渝的感情：多年相交的朋友在知道對方陷入困境的時候，不辭辛苦地為其奔走；相親相愛的家人在遇到危難的時候不是四散而逃，而是擰成一股繩，齊心協力度過難關；情侶們即便遭受許多挫折，還能夠不離不棄、相互扶持著走過歲月的風風雨雨，從青春年少一直走到白髮蒼蒼。

情緒與情感之間雖然有著很多區別，但彼此之間也有著不可分割的關係。情緒雖然千變萬化，但整體而言還是要受到情感的影響，在特殊的情況下，人們能夠令自己的情緒服從於情感，從而做出一番偉大的成績。

春秋時期，越王勾踐在與吳王夫差的交戰中大敗，一路逃亡到了會稽，被吳軍團團圍住，勾踐依照范蠡的計策佯裝

投降，不僅向吳王獻上越國的美女與珍寶，勾踐本人還要在吳國為奴三年。堂堂一國之君受到如此羞辱，勾踐的心裡難道就不曾生出半點憤怒和怨恨嗎？這當然是不可能的。但越王謹記會稽之恥，壓下了一切負面情緒，鞍前馬後地伺候吳王夫差，三年來恭恭敬敬，不曾發怒，面上也沒有絲毫怨恨之色，木訥如農夫一般，甚至做到了「問疾嘗糞」。如此苦心孤詣的偽裝終於迷惑了吳王夫差，夫差將他放回越國之後，勾踐暗中練兵，臥薪嘗膽，終於在二十年後發兵一舉滅掉了吳國。

　　人類的情感能夠支配情緒、操縱情緒，所以在大多數情況下，我們都能夠避免因一時的情緒失控而造成的惡劣後果。當然，人類的情感也依賴於情緒，人們在看到陌生人相互幫助的景象時會被感動，感受到愛和溫暖；在看到有人作惡的時候會因為憤怒而仗義出手阻攔；在所在的集體被讚揚的時候會產生一種集體榮譽感。愛、溫暖、正義感、集體榮譽感這些情感的產生都源於情緒。

　　情緒是一切情感發展的基礎，情感則是情緒與個人意識、社會道德等整合後的產物，情感的存在、升溫、表達都與情緒有著密不可分的關係。

（三）不同性別的人在不同情境中的情緒

之前網路流行一個段子：一個男人和自己的女朋友發生了爭執，女朋友說道：「我發現你最近越來越不愛我了。」男人反駁道：「我怎麼就不愛妳了？妳從哪看出來的？」女朋友憤怒地指著男人說：「我明天不吃飯了，去把你的上司打一頓！」男人一頭霧水地說：「這跟我的上司有什麼關係？妳為什麼要打我的上司？」女朋友氣哼哼地說：「你果然是不愛我了，你都不問問我為什麼不吃飯！」

雖然是個博君一樂的段子，但是我們也可以看出其中男性和女性在思維方式、關注點等多方面的差異。人們常說「男人來自火星，女人來自金星」，兩性在看待同一個問題時的思維往往有著很大的差距。那麼男性和女性在面對相同的情境時，情緒是不是也會有很大的區別呢？答案是肯定的。

舉例來說，很多男生喜歡打遊戲，當他們看到某個遊戲官方推出了最新款的皮膚和裝備時，會激動得恨不得下樓跑上幾十圈，然後瘋狂地儲值購買新裝備，沉浸在獲得新裝備的喜悅中久久不能自拔。女性對此則沒有特別興奮的感覺，在大多數女性看來，那不就是個裝備嗎？標上「史詩級」難道就真的絕無僅有了？又不能吃、不能穿的，還不如買衣服

來得實在。對男生來說，他們同樣不能夠理解為什麼衣櫥裡明明已經有一大堆衣服了，女生卻依然愁眉苦臉地嚷嚷著沒有衣服可穿；在逛購物中心時看到各大店鋪上新款，她們就滿心都是期待和「買買買」的狂熱購物欲。等買到喜歡的新衣服之後，臉上洋溢著毫不掩飾的喜悅，開心得簡直要飛起來。

　　男性和女性喜歡的事物不同，面對事物的態度自然就有所不同，但面對自己喜歡的事物時，兩性內心的感情似乎是相同的。但是為什麼在人們的潛意識之中，對男性和女性的情緒發洩有著雙重標準呢？男性和女性在情緒的表達上到底有沒有區別呢？

　　曉曉是個愛哭的女孩子，平時只要她有一丁點的不如意，就一定會放聲大哭，把所有人驚動。媽媽覺得曉曉被家裡人寵壞了，一遇到事情就哭，這樣不太好。爺爺卻不以為然，女孩子嘛，總是多愁善感的，愛撒嬌，需要家人的關心，很正常。女孩就是應該嬌養啊，全家多寵著她點才對，就算愛哭也沒什麼大不了的，總不能讓她長成一個假小子吧。但是對曉曉的哥哥陽陽來說，爺爺的態度就不一樣了，他拿出了雙重標準，要求陽陽做個鐵骨錚錚的男子漢，不要總是哭哭啼啼的。陽陽的性格有些內向，比較依賴媽媽，遇到解決不了的困難時也會哭鼻子，但是每次他哭的時候爺爺

和爸爸就會嚴厲地責備他。陽陽覺得很委屈，只敢躲到媽媽的懷裡偷偷哭，這時候媽媽就會溫柔地安慰他，並詢問他遇到了什麼困難，再想辦法引導他自己解決問題。

長期以來，人們的潛意識之中對男性和女性的情緒表現形成了刻板印象，認為女性就是比較情緒化的，容易情緒失控，需要別人哄著陪著，更有人認為哭是女孩子的特權；而男性就應該堅強點，有淚不輕彈，大部分男性也都很少將自己的情緒擺在臉上，或者輕易表達出來。那麼，這是不是說明男性其實沒有那麼多的情緒呢？實則不然。沒有表現出來，並不代表沒有，事實上，男性對情緒的體驗強度比女性還要大一點。

心理學家為了研究男性和女性在情緒方面的性別差異，做過一個實驗：心理學家選出了 79 名志願者，這些志願者有男性也有女性。在參加實驗的過程中，心理學家為志願者們發放並佩戴記錄心率的手環，並分別播放了展現八種不同類型情緒的影片，這八種情緒影片分別是愉悅、搞笑、驚奇、悲傷、恐懼、憤怒、厭惡和中性的。心理學家在每播放完一段影片時，都會詢問志願者們的觀看感受，以便作為情緒表達的根據，同時記錄下他們的心率，作為情緒體驗的標準。心理學家也注意觀察了這些觀看者的愉悅程度、喚醒度、趨近和迴避動機強度等，作為指標。

　　等實驗的結果出來之後，心理學家感受到了衝擊和訝異，因為他們發現，女性的情緒表達程度與心率變化指數並不相稱 —— 當觀看愉悅、搞笑和憤怒類型的影片時，很多女性志願者都清晰、激烈地訴說了自己的情緒體驗，如開心、捧腹大笑、怒火中燒等，但實際上她們的心率波動並不是很大；而當男性志願者平靜地訴說自己觀看此類影片的情緒感受時，他們的心率起伏卻非常大。當觀看恐懼和厭惡類型的影片時，更多女性志願者訴說了自己的極度驚恐和對影片的深惡痛絕，且有著迴避的心理，但她們的心率波動卻不是很明顯；男性志願者則恰恰相反，他們表面上看起來無所謂，心率卻有著明顯的起伏變化。

　　實驗結果證明，某種程度上，男性的情緒體驗強度更大，但是出於種種原因他們並沒有將自己的情緒體驗表達出來，儘管他們內心已經波濤洶湧，但表面上似乎仍然是不動聲色；女性則不同，儘管女性的內心波動不大，但她們卻可能會在無意之間誇大自己的情緒體驗。

（四）創造力的源泉
—— 情緒與創造力

　　北宋著名的文學家蘇軾在玉堂署任職的時候，曾經和自己的幕僚聊到自己的詞作，蘇軾想知道自己寫的詞與柳永的相比哪個更好些，便直言相問。這位幕僚非常聰明，他並沒有直接說哪個好哪個不好，而是說出了一段非常經典和貼切的話：柳永的詞適合十四五歲的少女，拿著紅牙板，咿咿呀呀地唱「楊柳岸曉風殘月」；您的詞得須關西大漢，用銅琵琶和鐵綽板伴奏，中氣十足地唱「大江東去」。這段話剛好道出了兩位詞人的寫作特色。柳永的科舉之路艱難，屢屢落第，心中難免因為失意而生出苦悶的情緒，他的詞作如他的人一樣，滿腹哀愁，柔腸百轉，所以柳永寫出來的作品無不纏綿悱惻、淒婉動人；蘇軾的詞作也與他本人的性格非常相似，蘇軾性格豪爽直率、樂觀曠達，所以他寫出來的詞作總是氣勢恢宏、豪情萬丈，讀來動人心魄。古人常常以詩抒情，以歌詠志，在流傳千年的眾多文學名篇中，我們能夠看到才華橫溢的文學家們或婉轉含蓄，或直白豪邁地表達內心的想法，宣洩自己的情緒。

　　杜甫的〈春望〉，這首鏗鏘有力的五言律詩寫道：「國破山河在，城春草木深。感時花濺淚，恨別鳥驚心。烽火連三月，家書抵萬金。白頭搔更短，渾欲不勝簪。」寥寥幾句，就把一個在亂世奔走、憂國憂民的悲苦詩人的形象勾勒出來。烽火連天的動亂時節，背井離鄉的杜甫因為戰火而接不到家人的來信，他既思念家人、牽掛家人的安危，又為國家和戰亂中遭殃的百姓擔憂不已。但面對時局的動盪，他自己什麼也做不了，只能搔首躊躇，暗自發愁，直愁得白髮稀疏，幾乎插不上簪子了。內心的憂愁與憤懣和濃厚的愛國之情被杜甫透過寥寥幾句詩表達得淋漓盡致。

　　與之相對的是杜甫的另外一篇名為〈聞官軍收河南河北〉的七言律詩，詩中寫道：「劍外忽傳收薊北，初聞涕淚滿衣裳。卻看妻子愁何在，漫卷詩書喜欲狂。白日放歌須縱酒，青春作伴好還鄉。即從巴峽穿巫峽，便下襄陽向洛陽。」這首詩一改之前的沉鬱頓挫，變為明朗愉悅，令一個為了國家收復失地而喜極而泣、欣喜若狂的愛國詩人的形象躍然紙上，杜甫滿心的歡喜似乎已經從詩中溢了出來。愉悅的情緒感染著閱讀這些詩句的人，讓讀者在詩人的帶動下不由自主地開心起來。

　　透過以上兩首詩我們可以發現，無論作者寫什麼風格和題材的作品，其作品與作者本身的情緒和情感都有著密不可

分的關係。那麼，在藝術創作的過程中，情緒與情感扮演的是什麼樣的角色呢？

我們都聽過這樣一句話：「藝術來源於生活而高於生活。」何謂生活，自然是人類本身和其生存的環境及人類所專注的各種事物，這些聯合起來組成了人類生活的全部內容。「人非草木，孰能無情。」在日常生活中，人們往往會有各種情緒，也會對不同的人、事、物產生情感。人都有傾訴的欲望，情緒和情感不僅會從眼角眉梢顯露出來，還會透過語言、肢體動作等多種形式表達出來。人們表達情緒和情感的方法有很多種，不同的人有著不同的表達方式，有些人含蓄，有些人直爽。含蓄的人會斟詞酌句，婉轉地透露出自己的情緒和情感，多數時候需要別人猜測他們的情緒和心理，哪怕生氣的時候也只是生悶氣。直爽的人在表達自己情緒的時候，三言兩語便傾訴了出來，總是直言坦白自己開心與否；在表達自身情感的時候，他們也會簡單直白地告訴對方「我喜歡你」、「我想和你在一起」、「我不想見到你」、「我恨你」等；而在發洩憤怒的時候，他們同樣會直接表達出不滿。

另外，還有一些人能夠將自己的情緒和情感透過藝術創作的方式表達出來。在西漢著名的史學家、文學家、思想家司馬遷的作品《報任少卿書》中有這樣一段經典的話：「蓋

文王拘而演《周易》；仲尼厄而作《春秋》；屈原放逐，乃賦《離騷》；左丘失明，厥有《國語》；孫子臏腳，《兵法》修列；不韋遷蜀，世傳《呂覽》；韓非囚秦，〈說難〉、〈孤憤〉；《詩》三百篇，大抵聖賢發憤之所為作也。」

司馬遷認為，這些經典著作誕生的契機都是作者在生活中遭受了巨大的挫折，內心鬱結，情緒情感等方面有壓抑不解之處，或者沒有能夠實現自己的理想，所以才將滿腔情緒經過文學素養與才華的整合轉化為思想結晶，以文字的方式記錄下來。這些作品不僅可以用以抒發自己的怨憤之情，還能夠表露自己的本心，以便後人了解他們的志向。也就是說，情緒可以是一個人創作的動力，正因為內心有情緒要發洩出來，所以才有了這些傳世名篇。

國外的很多文學家和藝術家與司馬遷的想法不謀而合。英國詩人托馬斯・艾略特（Thomas Stearns Eliot）認為：「詩人的任務並不是尋求新情緒，而是要利用普通的情緒，將這些普通情緒錘煉成詩，以表達一種根本就不是實際的情緒所有的感情。」的確如此，藝術創作的形式多種多樣，如音樂、文學、電影、舞蹈、美術等，但每一種藝術創作無不是在折射創作者的內心，反映著創作者的情緒和心理需求。好的作品如果想打動人，首先要做到的就是表達自己的情緒，然後透過藝術創作引起觀眾的情緒反應和心理共鳴。

　　如果說情緒是一個人創作的動力，那麼情感便是藝術創作的靈魂。著名雕塑藝術家羅丹（Auguste Rodin）說過「藝術就是感情」，對此歌德與他的觀點一致，而且，歌德認為，沒有情感也就不存在真正的藝術。而托爾斯泰則認為：「藝術起源於一個人為了把自己體驗過的感情傳達給別人，於是在自己的心裡重新喚起這種感情，並用某種外在的象徵表達出來。」情感是決定一個作品成敗的關鍵，倘若內心並沒有情感要表達卻強行創作，就落入了言不由衷、無病呻吟和「為賦新詞強說愁」的尷尬境地，創作出來的作品也會變得呆板無趣，缺乏讓人為之動容的力量。

　　梵谷說過：「藝術家應該從他的內心去觀察。」而他本人也是荷蘭後印象派畫家和後印象主義的先驅。從文藝復興時期到十九世紀，西方傳統繪畫的表現手法一直是以寫實為主，崇尚理性，注重對所畫事物的模仿和再現。直到十九世紀末印象派誕生，畫家們開始不滿足於極盡完美地去模仿實物，而是開始在自己的畫作中表達自己的情緒和自己對所繪事物的認識與理解。到後印象派誕生，畫家們更加直白和強烈地在自己的作品中宣洩自己的情緒，表達自己內心的真實感受。

　　梵谷的經典畫作〈麥田〉，曾被人認為是梵谷的絕筆之作。在這幅畫中我們可以看到，黑雲密布的天空彷彿惡魔的

手掌一樣沉重地壓了下來，壓在金黃的麥田上，壓抑的畫面幾乎讓人難以呼吸，而在麥田與黑雲之間還有一群代表著死亡的黑色烏鴉從厚重的雲層中結隊而來，彷彿死神收割生命的鐮刀，讓人不由得產生了強烈的壓迫感。在創作這幅作品的時候，梵谷正深陷精神疾病的折磨之中，畫作不被賞識的痛苦和世人的漠視狠狠地折磨著他脆弱的神經，不可否認，梵谷將自己極度壓抑和痛苦的情緒融入畫作之中，以至於觀賞者在觀看的時候，能夠被畫面中撲面而來的痛苦和壓抑震懾。

品鑑眾多藝術作品後我們可以發現，儘管藝術家的生活經歷各不相同，構思藝術作品和藝術創作的形式與風格也千差萬別，但他們都有相通的一點，那就是真摯的情感和激發創作欲望的強烈情緒。只有情緒的變化才能夠為一幅好作品的誕生提供無窮的動力，只有充斥著作者情緒的作品才能夠讓品鑑者產生情感和心理的共鳴。情緒與情感，缺乏了其中任何一個，藝術作品都會如同喪失了靈魂的傀儡一般令人感到乏味至極。

（五）不可或缺的信號
—— 情緒的功能

芸芸是一名業務員，到了月底總結的時候，因為個人的銷售指標沒有達到，芸芸被她的部門經理叫到辦公室劈頭蓋臉地訓斥了一頓。芸芸覺得非常委屈，她這次的銷售指標之所以沒有達到，是因為同部門的同事幾度搶走了她的客戶。但經理不管職員們的內部矛盾，他只看業績，銷售業績不達標就得挨罵。經理還讓芸芸寫月末總結和保證書，寫完後傳到自己的信箱裡，眼看就要下班了，經理的意思非常明顯，就是要讓芸芸加班。

芸芸心裡很生氣卻沒有辦法，下班時間一到，同事們紛紛離開公司回家了，那個搶了芸芸客戶的同事走過芸芸身邊的時候還對她冷嘲熱諷，氣得芸芸差點跟她吵起來，還好同事們及時把兩個人勸住了。雖然對方已經離開了，但芸芸還是覺得非常生氣，她去廁所洗了把臉，怒火平息下來之後才重新坐到自己的位置上寫月末總結。

從學校畢業之後，芸芸就很少動筆寫總結之類的文章，所以寫起來非常困難，加上還有保證書，芸芸寫了一會兒，煩躁得恨不得砸電腦。耗費了整整三個小時，芸芸才寫完了

月末總結和保證書，傳送到了經理的信箱裡。出了公司之後，芸芸發現天上不知什麼時候下起了雨，芸芸早上出門的時候沒有帶傘，現在恐怕要淋雨了，想到這些，芸芸不由得埋怨道：「真是煩人，連老天都跟我作對！」芸芸看了看手錶，發現時間已經不早了，只好叫車回家。

儘管她已經很小心地避雨，可還是被淋成了「落湯雞」。司機大哥一路上也沒有跟芸芸搭話，直到下車回家之後她才發現自己的包包落在了計程車上，雖然包裡沒有什麼貴重物品，但這一連串的倒楣事還是讓芸芸心力交瘁，即便聞到樓道裡飯菜的香味也沒能讓芸芸的心情輕鬆起來。

回到家之後，芸芸的丈夫已經做好了飯菜，兒子正乖乖地坐在客廳裡看動畫片。芸芸勉強擠出一個微笑，說道：「我回來了。」

丈夫看了看芸芸的臉色，主動走上前幫她把拖鞋拿出來，還走到客廳小聲囑咐兒子：「你媽媽今天心情不太好，你吃完飯自己乖乖回房間寫作業，別去吵她。」兒子看看媽媽毫無精神的樣子，聽話地應了一聲，主動把卡通的聲音調小了。芸芸和家人安安靜靜地吃了飯，餐桌上，兒子難得沒有挑食，這樣芸芸的心情才稍微好了一點。看到丈夫自覺地收了餐具去廚房清洗，兒子也關掉電視從書包裡拿出了作業，芸芸不由得詫異起來，問兒子：「你們今天是怎麼了？

怎麼這麼乖？平時你和你爸爸可不是這樣的啊！」兒子說：
「爸爸跟我說妳心情不好，讓我不要惹妳生氣。」

　　芸芸問在廚房洗碗的丈夫：「你怎麼知道我心情不好？
我明明還對你們笑了，煩心的事情都沒有提啊？」芸芸的丈
夫說道：「在一起這麼久，不用妳說，我也能看出來，妳這
個人情緒都擺在臉上了。妳本來就不開心，我們擔心妳，不
想再讓妳生氣，所以都自覺了點，該做家事做家事，該寫作
業寫作業。現在說說吧，妳遇到什麼煩心事了？」芸芸這才
開始對家人講述自己倒楣的一天。

　　人在不同情況下的面部表情往往代表了他們不同的心理
狀態，表情的變化也就代表著人的心理和情緒的變化，所以
芸芸的家人能夠透過芸芸的面部表情判斷她是否開心、是否
疲憊，從而調整自己的行為，避免發生家庭矛盾。如果芸芸
的丈夫沒有發現她情緒的低落，依舊像平時一樣，吃完飯往
沙發上一坐，什麼事情也不做，抱著手機玩個沒完沒了，兒
子也繼續看卡通，不肯寫作業，那麼芸芸的心情肯定會因為
這些變得更加糟糕，甚至會跟家人產生爭執，將之前在公司
和在回家路上累積的所有憤怒和委屈一股腦地發洩到無辜的
丈夫和兒子身上。

　　好在芸芸的丈夫及時發現了芸芸低落的情緒，主動分擔
了家事，這才令芸芸的心情得以好轉。我們能夠根據一個人

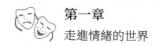
的表情判斷一個人的心理狀態，情緒在其中發揮了不可忽視的作用。情緒就像是人們心理活動的一個指向標，根據情緒的起伏變化，我們可以了解一個人心理狀態的改變。

那麼，情緒具體有哪些功能？在我們的生活、工作、交友等社會性活動中，情緒又起到了什麼樣的作用呢？心理學家經過分析，將情緒的功能分為以下幾種。

1. 幫助人們適應生存環境

長期以來，心理學家對情緒展開了一系列的科學研究，根據情緒與生俱來的特性，心理學家認為情緒能夠幫助人們適應生存環境。動物就會因為某些特定的生理喚醒而出現各種適應行為。仔細觀察動物的生活習性，我們可以發現，低等動物除了有怒、怕、愛，並沒有其他高級的情緒，而怒、怕、愛這些情緒都是與他們的生理行為 —— 搏鬥、逃跑、求偶、哺餵幼崽等有著密切關係的。

但人類的情緒卻能夠隨著個體的成長而逐漸豐富和完善，而且這些情緒能夠幫助我們改善生活環境。很多人會見到孩子在玩具店哭鬧的情形，當孩子看到想要的玩具時，有些孩子會眨巴著大眼睛，滿眼期待地看向自己的家長；有些孩子則會放聲大哭，甚至在玩具店門口打滾，死活不肯走，直到家長掏錢把玩具買下來，他們才心滿意足地收起眼淚，露出笑容。

　　孩子在語言體系沒有建立起來的時候非常善於運用自己的情緒來令自己所處的環境變得更加舒適，比如當嬰兒面對被父母包裹得過熱了、周邊環境太過嘈雜了、生病了等情況時，他們就會透過哭等行為來向父母表達自己不舒服的不滿情緒。當父母體察到孩子的情緒時，就能夠及時地做出一些應對，令孩子感覺更加舒適。當然，情緒有的時候能夠改善人類的生活環境，有的時候也會讓個體的生活空間變得更加糟糕。

　　老孫和自己的鄰居老楊因為搶奪天臺上一塊種菜的地方而發生爭執，前幾次只是吵架，直到後來老孫發現自己在天臺上種的菜居然都被老楊拔掉了，而種了其他菜，這讓老孫怒不可遏，衝到老楊的家裡和他大聲爭吵起來。老楊也不甘示弱，兩個人吵著吵著竟然還動起了手，各自打了個鼻青臉腫。從此兩家人再也不來往，提起對方都是咬牙切齒、連聲咒罵的，每次老孫和老楊在社區裡相遇，也都是惡狠狠地互相瞪上一眼，誰也不理誰。

　　比如你與鄰居鬧矛盾，最開始雙方可能只是在爭吵，隨著情緒的變化，你們可能會大打出手，甚至從此斷絕互相往來。可見，情緒雖然能夠有效地改善生存環境，但運用不當，也容易使生存環境惡化。但整體而言，情緒的作用是利大於弊，因為正是無時無刻不存在的情緒提醒著人們了解自

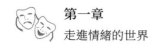
身所處的環境和他人的心理狀態，以便自己更好地適應和融入當前的生活環境。

2. 在人際交往過程中提供信號

我們都知道，情緒和情感是人們在面對外部環境時的一種正常反應，見到鮮花盛開，萬物繁榮生長，人們的情緒會不由自主地變得愉悅起來；秋天看到寒風吹過，滿地落葉，我們會不由自主地生出一種惆悵的情緒；見到母親親暱地親吻寶寶的額頭，我們會不由得產生一種溫暖和感動的情緒；見到一些遭受病痛折磨的人，我們也會不由得為之傷心。這種情緒能夠非常迅速地幫助我們適應外部環境，尤其是在人際交往的過程中，情緒的信號功能所起的作用就非常明顯了，因為人們已經學會透過情緒來表達自己的觀點、想法、態度和心理訴求。

我們微笑、蹙眉都是在表達自己的情緒，而這些情緒就相當於一個個信號，準確地向周圍的人傳遞著我們的心理資訊，進而影響對方的行為。微笑可以說是世界通用的語言，不論哪個國籍、哪個種族的人，在表達友好和善意的時候，無一例外地會露出笑容，而接收到對方所傳達的善意時，人們也會報以笑容，因為這是一個表達友善的信號。但當我們冷著一張臉的時候，對方就會自覺地減少與我們交流的次數。

小美是個內向的女孩，平時總是沉默寡言，也不太擅長和別人聊天，雖然她沒有跟班上的任何一個同學產生過爭執，但她還是感覺到了同學們對她的疏離，平時同學們在一起聊天的時候，大家總是忽略小美的存在。小美非常苦惱，作為一個剛升上高中的學生，她也很想交一些新朋友，每次看到別的關係好的同學一起去逛街、聊八卦，小美都很羨慕。

有一天，小美實在忍不住，在聊天的時候詢問了大家對她的看法，並有些委屈地質問大家為什麼總是忽視她。大家有些尷尬地說：「不是我們忽視妳，妳難道不知道妳有一個外號叫『冰美人』嗎？每次大家一起聊天，妳總是板著一張臉，看起來很不開心的樣子，我們就以為妳對我們聊的話題不感興趣，所以都沒人敢跟妳搭話。」小美這才明白原來是自己的問題。當她嘗試微笑著和同學們打招呼的時候，她發現周圍的人對她都友善了起來，和她一起玩的人也變多了。

情緒能夠展現一個人的心理狀態，即便不透過語言的表達也能夠向他人傳達明顯的信號。所謂的察言觀色，就是透過觀察面部表情來判斷一個人的情緒，有了情緒這個信號功能，人際溝通才能夠更加順暢，能避免很多不必要的麻煩。

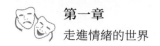
3. 對心理活動的組織功能

　　情緒是一個複雜的心理過程，有自己的運行規律，同時還能夠組織人類的某些心理活動和肢體動作。人們在興奮的時候會手舞足蹈，在積極情緒的影響下，做事的效率也會明顯提高。但是消極的情緒卻能夠破壞一個人做事的積極性，當我們不停地打擊和嘲笑一個滿懷希望的年輕人時，久而久之這個年輕人的內心就會產生自我懷疑，認為自己真的不行，甚至有可能直接導致這個年輕人放棄正在努力的事情。

　　情緒不僅具有組織心理活動的功能，還能夠適當地調節人們身心的狀態。俗話說「沒有壓力就沒有動力」，這種壓力既是精神壓力又是心理壓力，當一個人感受到適當的壓力時，他不但不會被壓力嚇倒，反而會渾身充滿幹勁。這是因為情緒從中進行了調節，使人的身心處於一種適宜活動的良好狀態，所以能夠很好地促進人們盡快完成自己要做的事情。

　　清朝的大臣左宗棠是一個熱愛下棋的人，他經常穿著普通民眾的衣服前去拜訪那些擅長下棋的民間高人。在領兵收復新疆之前，左宗棠曾經前去拜訪一位擅長下棋的老者。他來到老者的家門口，只見上方懸著一方「天下第一棋手」的牌匾，左宗棠便想要和老者切磋一下棋藝。老者接受了他的挑戰，兩個人坐下來對弈了三局，結果老者三局都輸給了左

宗棠，左宗棠高興得哈哈大笑。他對老者說：「我接連贏了你三局，我看你這『天下第一棋手』的牌匾得摘下來啦！」老者面帶微笑連連稱「是」，還命僕人當場把牌匾摘了下來，左宗棠志得意滿地離開了。

等到左宗棠收復新疆之後故地重遊，又看到老者的門前重新掛出了「天下第一棋手」的牌匾，左宗棠便再次進門和老者切磋棋藝，結果左宗棠一連三局都輸給了老者。左宗棠驚奇地說道：「老人家，您的棋藝也進步得太快了吧！上次您明明還下不過我的！」老者笑著說道：「上次之所以輸給您是因為知道了您的身分，您當時即將帶兵收復新疆，我擔心贏了您會挫傷您的銳氣，影響您作戰，所以我才會讓著您。但現在您已經成功抵禦了外敵入侵，收復了新疆，我沒有了顧忌，所以才坦誠地展露出了全部的棋藝。」

古時候作戰講究「一鼓作氣，再而衰，三而竭」，這與情緒也有著莫大的關聯。當人們卯足幹勁去做一件事的時候，他們的精神和情緒狀態都被調動了起來，這個時候，如果有人一而再再而三地挫傷他們的熱情，那麼他們當初的勇氣就會蕩然無存，高漲的情緒也會變得低落，本來能夠做成功的事情也可能會搞砸。

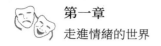
4. 健康功能

情緒還能夠對人的健康產生一定的影響，俗話說「笑一笑十年少，愁一愁白了頭」，就是說積極的情緒能夠讓人長壽、顯得年輕，常被憂愁、悲傷這些負面情緒圍繞的人則容易衰老。情緒真的有那麼神奇的作用嗎？的確如此，在家庭糾紛中我們常常能夠聽到有人說「×××氣得當場昏了過去」或者是「×××氣得大病一場」，這正是因為情緒的作用。情緒能夠影響人的心理健康，並且能夠透過神經、內分泌、免疫系統等引起生理上的變化，過度的情緒還容易導致個體患上疾病。當然，合理地宣洩情緒也能夠預防或者治療許多的身心疾病，如焦慮症、憂鬱症、狂躁症等。

英國著名的化學家法拉第曾經因為過度工作、精神長期處於緊繃狀態而身體虛弱，動不動就會生病。儘管法拉第抽出時間去看了很多醫生，開了大把的藥，但是他的病情依舊反反覆覆，始終沒有痊癒。後來法拉第聽說城裡來了一位名醫，便抽空去拜訪了這位名醫，希望對方能夠治好自己的病。醫生聽完法拉第對自己病情的描述後，笑著說了一句英國著名的諺語：「一個小丑進城，勝過一打醫生。」

法拉第聽完這句話，皺著眉頭思考了半天，沒多久便會心一笑，謝過了醫生，轉身離開了。自看病那天之後，法拉第合理地安排了自己的工作時間，勞逸結合，閒暇時間還會

去看看喜劇表演，調節自己的心情，讓自己的情緒處於愉悅的狀態。過了一段時間之後，法拉第的病不治而癒，身體也變得更加健康了。

人們常說「情緒是把雙刃劍」，誠然如此，積極的情緒有利於人們心靈的紓解，使人們從中獲得平衡感和幸福感，讓人們以更加樂觀積極的態度去面對生活；但負面的情緒也無時無刻不在影響著人們的身心健康。所以在享受積極情緒帶給我們的快樂和健康時，我們也要時刻注意負面情緒帶來的不良影響，以免做出讓自己後悔的行為。

5. 影響記憶力

心理學家做過這樣一個實驗：他們挑選了一百個孩子，先安排其中五十個孩子觀看小丑表演，讓這些孩子的情緒處於積極愉悅的狀態，然後要求孩子們背誦一首詩歌；另外五十個孩子則先觀看一些基調悲傷的表演，然後讓他們背誦同一首詩歌。結果觀看喜劇的孩子很快就背出了整首詩歌，而那些觀看了悲傷影片的孩子背誦出詩歌則需要更多的時間。由此可見，積極愉悅的情緒有助於增強人們的記憶力，負面的情緒則會讓人的記憶力下降，降低學習和工作的效率。

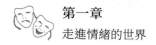
（六）踢貓效應
—— 情緒傳染病

　　在心理學上有一個著名的「踢貓效應」，它指的是對弱於自己或者等級低於自己的對象發洩不滿的情緒而產生的連鎖反應。有一個小故事可以準確地詮釋「踢貓效應」。

　　有一天，一家公司的老闆在辦公室裡對著部門經理大發脾氣，批評他工作做得不到位，管理員工的方式也有問題，導致員工的工作效率一直提不上去，公司的業績平平。部門經理滿心委屈，他認為自己一直以來都在為了提高公司的業績而努力，手下的員工相比之前來說也有一定的進步，老闆這樣不分青紅皂白地責備自己是不對的。但是當老闆訓話的時候他還是乖乖地低下頭聽著，絲毫不敢反駁。

　　出了老闆的辦公室，部門經理在茶水間看到正在休息的員工小張，心裡的怒火頓時有了發洩的出口，他對著小張大聲罵道：「平時不是遲到就是早退，都什麼時候了還在這裡『摸魚』，你想讓我扣掉你的獎金嗎？工作都做完了？沒做完還不趕快回去做，今天做不完你們全部門的人都給我留下來加班！」話音落地，部門所有人的眼睛都緊緊地盯著小張，眼神裡不約而同地寫滿了責怪，好像在怪小張連累他們加班了一樣。

　　部門經理前腳剛走，後腳就有同事開始埋怨小張，這個說：「哎呀，這怎麼做得完嘛！小張都怪你，好好的晚上被你給攪和了，今天說好了要和我女朋友一起去看電影的，這下她肯定會生我的氣。」那個講：「天哪，這怎麼行，我今天不能加班啊，今天輪到我去幼稚園接孩子了，上次讓我老公接孩子，他都跟我吵了一架。真是的，小張你幹嘛平白無故地去觸經理的霉頭啊！」一時之間辦公室裡滿是怨言。

　　小張自己也委屈著呢，經理分明就是冤枉人，憑良心講，他哪一天不是早早到了公司，到了下班時間才離開的？哪裡有遲到早退的情況？經理今天到底哪根筋不對勁，亂給人添罪名，何況平時大家工作累了都會來茶水間喝杯茶放鬆一下，往常都沒說什麼，怎麼今天就跟機關槍似的砲轟個不停呢？還偏偏讓自己撞到了槍口上，害得他成了全部門仇視的對象。

　　小張心裡的這股怨氣直到加班結束回到家裡還沒有消下去，這時候小張看到了自己正守在電視機前的兒子浩浩，氣得他當場扔下公事包，拔了電視線，訓斥起了浩浩：「還在這裡看電視，你們老師安排的作業都寫完了？上次月底的測驗三門功課都不及格，現在還有臉玩，給你交學費是讓你隨便浪費的嗎？還不回房間去寫作業！」浩浩嚇得兩眼含著淚，連自己是寫完了作業才去看電視的事實也不敢講出來。

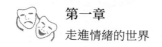
這時小張的老婆連忙上前替兒子解圍：「你幹嘛呀！一回來就罵孩子，浩浩功課做完了我才讓他看電視的。」說著她從口袋裡掏出一百元，讓兒子下樓去超市買包鹽，多餘的給浩浩當零用錢。小張知道自己做錯了，也不好拉下臉給兒子賠禮道歉，浩浩接過錢抹著眼淚下了樓。在去超市的路上，浩浩越想被爸爸罵的事情就越覺得憤怒和委屈。

這時經常在社區裡扒垃圾箱的一隻流浪貓湊了上來。這隻貓是社區裡的常客，經常有好心人餵牠，所以牠見到人非但不害怕，還會主動湊上前討吃的。浩浩正心煩意亂，流浪貓又老是圍著他打轉，「喵喵喵」地叫個不停，浩浩更心煩了，氣得一腳踢了上去，流浪貓吃痛，哀號了兩聲，飛一樣逃離了社區，一路飛奔到了公路上，剛好遇見了駕車疾馳的小張的老闆。老闆不防備一隻貓會突然出現在路口，嚇得又是踩煞車又是轉方向盤，卻誤把油門當煞車，一下子撞到了公路的護欄上。

小張的老闆也許不會想到，自己出車禍的原因竟然是早上對部門經理發的那通脾氣。心理學上把不良情緒朝等級低於自己或者弱於自己的對象發洩並產生連鎖反應的現象就叫做「踢貓效應」。我們可以看到在踢貓效應的故事中，壞情緒像疾病一樣能夠從一個人身上傳染到其他人的身上，而這種傳染順序一般是從金字塔的頂端向底端傳遞的。

美國的一位心理學家和自己的同事經過研究發現：人類的所有情緒都能夠在短時間內從一個人身上傳染到另外一個人身上。這有點類似於孟子所說的「近朱者赤，近墨者黑」。和快樂的人在一起時我們能夠感受到快樂的情緒，從而令自己的情緒高漲；而和悲傷的人在一起時，我們也能夠感受到悲傷的情緒，同時令自己的情緒變得低落。情緒的傳染速度非常快，雖然有時候當事人未必能夠感受到情緒的傳染，但在旁觀者看來，個人的情緒變化卻非常明顯。

舉個極端的例子：在參加他人的葬禮時，看到別人悲傷的面容，我們的內心也很難愉悅起來，會不由自主地滿臉哀戚，很快就融入了肅穆沉重的氣氛之中；而在參加他人婚禮的時候，我們可以發現沒有任何一個人會哭喪著臉，每個人都是喜氣洋洋的，彷彿要結婚的那個人是他們自己，他們被當事人快樂的情緒感染了，所以不由自主地開心起來。

心理學家們還發現，人們在宣洩自己的情緒時，會形成一個心理磁場，身處在這個磁場周圍的人都會感受到宣洩情緒者本身的情緒。很多學校喜歡請一些成功者為學生做演講，很多聽過演講的學生被感動得熱淚盈眶，這正是由於演講者本身的情緒和事蹟影響到了聽眾。

除此之外，情緒的感染還有著轉移作用，這一作用用成語「愛屋及烏」就能夠準確地概括 —— 喜歡一個人甚至連

這個人房頂上的烏鴉也一併喜歡了。這一點在很多粉絲對他們偶像的態度中常有展現，粉絲如果發現自己的偶像接拍了一部電視劇，那麼即便對這個題材的電視劇興趣不大，粉絲們還是會為了替偶像捧場而去觀看這部電視劇；而當自己的偶像明確地支持或者反對某件事情的時候，理智的粉絲會分析偶像所選擇的立場是否與自己的價值觀相悖，從而做出正確選擇，還有一部分不甚理智的粉絲則不管偶像所做的選擇是否正確，一律支持，這也是情緒傳染的一種形式。

情緒的傳染在不同等級的互動中表現得格外明顯：

在職場上，如果老闆心情愉悅地和員工開玩笑，那麼員工就會受到上司的這種愉悅情緒的感染，精神也會隨之放鬆下來，做事情的效率就會得到一定程度的提高；然而如果老闆一進辦公室，就氣勢洶洶地對著員工發了一通脾氣，那麼員工一整天都會心驚膽戰，做事情也小心翼翼、畏首畏尾，即便有事要請示老闆，也會你推給我、我推給你，以免自己變成上司的出氣筒，在不知不覺中降低了工作效率，使工作環境更加壓抑。

但如果員工情緒不好，卻很少能夠影響到上司的情緒，這是因為人類的本性之一 ──「柿子要撿軟的捏」在作祟。下級大多數情況下不會對著自己的上級發洩不滿的情緒，除非他不想繼續做自己的工作了。

這種情況在教師與學生之中也非常明顯。教師的情緒對學生有著重大的影響，當一個老師面帶笑容地向學生提問時，那麼學生在老師積極情緒的感染下也會變得更加自信，答題時更為流暢；但如果老師一進教室就板著臉，面色不善，語氣嚴厲地向學生提問，那麼很有可能學生原本想好的答案在說出來時也會變得結結巴巴；當老師因為某個學生的答案不正確而大發脾氣的時候，如果老師再次提問，那麼舉手作答的學生就會變得寥寥無幾，這是因為受老師的負面情緒感染，學生在精神上感受到了很大的壓力，即便面對他們會做的題，他們的內心也會因為擔心老師發脾氣而變得忐忑不安，學習的積極性也會備受打擊。

雖然老闆和老師都沒有明說自己的情緒是積極還是消極的，但是員工和學生卻能夠準確地感受到對方的情緒變化，從而調整自己的工作和學習狀態，以便讓自己少受到其負面情緒的波及，這就是情緒感染的作用。

當然，情緒感染不只是在上下級之間存在，人與人之間都有情緒感染的現象，這是因為人都有發洩情緒、傾訴內心的需求，這種渴望在人們受到環境、交談對象、突發事件等因素的影響時表現得尤為強烈。

當一個人受到外界刺激產生負面情緒時，他會在潛意識的驅使之下找到那個弱於自己或者迫於等級不敢還擊的人進

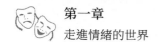
行情緒發洩，所以在職場上我們經常可以看到有些職務高的人會遷怒於自己的下屬，而下屬同樣會找到一個弱於自己的人發洩情緒。在家庭中我們也會看到心情不好的丈夫將壞情緒發洩給妻子或者子女，子女再將不良情緒發洩給家中的寵物或者自己的玩具等等。

負面情緒造成的不良影響不容忽視。在管理學中有一個名詞叫做「爛蘋果效應」，就是指當我們在一筐蘋果之中發現一顆爛蘋果的時候，那麼無疑，這筐蘋果中的一部分甚至是一整筐蘋果都有可能會爛掉。因為一顆爛蘋果會傳染其他蘋果，導致其他完好的蘋果也迅速爛掉。不良情緒也會像爛蘋果一樣傳染給他人，使他人的情緒落入低谷。

齊齊是個樂觀的女生，為人開朗熱情，做事積極，平時也不喜歡抱怨，但是最近公司分配了一個新的女同事給她們部門，叫做萍萍，是個大四在讀的實習生。齊齊很樂意帶新人的，但是沒多久齊齊就發現，這個新同事好像有些過度悲觀。每次部門經理分配任務的時候，萍萍都會不滿地對齊齊抱怨：「為什麼經理每次分給我的任務都這麼多，難道就因為我是新人，他們就可以欺負我嗎？」齊齊總是安慰她：「妳多慮了，大家的工作量都是一樣的，為了照顧新人，經理還把妳的一些任務分給了我們。」

任務做不完的時候萍萍又會抱怨：「怎麼分配這麼難的

任務給我，是在故意刁難我嗎？還是說我太笨了，做什麼都不行。」齊齊勸她：「不是的，妳不用懷疑自己的能力，我剛來的時候也這樣，等妳業務熟練了，就不會覺得難了。」吃飯的時候，萍萍會對著員工餐廳的飯吐槽：「這也太難吃了吧！哪是給人吃的呀，還不如直接叫外送呢！」吃了好幾年員工餐的齊齊勉強對她擠出了一個微笑，不知道這話該怎麼接。

下班回家之後，齊齊聞到廚房的焦糊味，開口就是一句：「我的天啊，你到底是做飯還是炸廚房？不會做你就別搞行嗎？你這不是給我找麻煩嗎？」男朋友穿著圍裙從廚房裡走出來，有些委屈地說：「我就想幫妳分擔點家務，真的不是故意要把廚房弄亂的。」齊齊說道：「你不找點自己拿手的事情做幹嘛？真是的，一點都指望不上你。現在光收拾這廚房都夠我忙到半夜了！」男朋友湊上前，邊給她捶肩膀邊說：「我知道錯了，親愛的，妳就別埋怨我了，平時我做錯事妳也沒罵過我啊，妳今天是不是在外面受氣了呀？」

齊齊聽見「埋怨」兩個字心裡一驚，心想自己平時也不是埋怨他人的性格，怎麼現在一張口就一串埋怨溜出來了呢？肯定是受到萍萍的影響了。

第二天到公司之後，齊齊立刻跟經理說明自己不適合帶新人，把萍萍這顆「爛蘋果」丟到了自己工作和生活的周

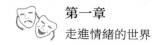
邊，後來她的心情果然好多了。而接手萍萍的老好人李姐明顯也受到了萍萍的影響，一天要發好幾次火。齊齊連忙跟李姐溝通了這個問題，幸好很快萍萍的實習期滿了，她一離開公司，公司的辦公氛圍就變得積極了很多。

隨著社會的進步，人與人之間的競爭越來越激烈，工作和生活壓力逐步增加，人們的情緒越來越不穩定，有時候雞毛蒜皮的小事都能夠引發一場激烈的爭吵。負面情緒在危害著個人身心健康的同時也給周圍的人帶來了很大的壓力，還極有可能使我們把周圍無辜的人當作自己的出氣筒，給他人帶來情感和心理上的傷害，造成無法彌補的感情裂痕。那麼，如何避免負面壓力給他人帶來消極的影響呢？這就需要我們調控好自己的情緒。

古時候，一位得道高僧十分喜愛蘭花，就從各處尋來了許多品種的蘭花，種到了自己的院子中，他每天講經參禪、照料蘭花，生活倒也平靜。有一天，這位高僧被一個非常有名望的人請去講經，臨走之前他將滿院子的蘭花交給自己的弟子照料，在弟子承諾會好好照料蘭花之後，高僧才帶著行李下山了。

弟子每天悉心照料蘭花，等候著師父回來，不料一天晚上風雨大作，弟子被雷鳴聲驚醒的時候，滿院子的蘭花已經被疾風驟雨打得凋零了一地。沒有照顧好師父的蘭花，

弟子覺得非常內疚，心裡又十分害怕師父會憤怒地將他趕出山門。

高僧講經回來，剛到山門口就看到自己的弟子跪在山門前，他連忙走上前詢問，弟子向他說明了自己照顧不周導致蘭花死掉的事情。高僧聽完之後說：「無妨，我不是為了生氣才種蘭花的。」弟子聽完頓有所悟。

當我們受到負面情緒的影響，忍不住想要找個發洩的出口時，不妨停下來仔細地思考一番：我們的負面情緒是因為什麼事情產生的？盲目地尋找比自己弱的人出氣是否違背了自己做人的準則？遷怒他人也許能讓我們的情緒一時之間得以釋放，卻往往會埋下更大的隱患。所以古人才會不厭其煩地教導後人要「己所不欲，勿施於人」，要「克己復禮，謹言慎行」。我們都不希望自己受到「爛蘋果」的影響，所以要首先從我們自己做起，丟掉那顆「爛蘋果」，這樣我們才能夠讓自己的不良情緒找到正確的發洩管道。

但是只有負面情緒會傳染他人嗎？答案是否定的，正面的、積極的情緒同樣能夠傳染給其他人。而且關係越為密切的人，情緒的感染作用越明顯。

當孩子獨立完成了自己的拼圖或者自己第一次做成了某件事情的時候，他們會迫不及待地跟家人分享這一刻的喜悅；年輕的男女在追上了心儀的女生或男生的時候，也會忍

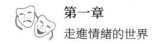
不住向身邊的朋友甚至全世界的人秀恩愛；走在路上的人在
看到夕陽落山或者北雁南飛的美景時，也會忍不住拉著身邊
的伴侶觀看，分享這份新奇和喜悅。在分享資訊的同時，我
們的情緒也被分享了出來，所以看到孩子興高采烈的臉龐，
大人會感受到同樣的喜悅和驕傲；看到甜蜜的戀人擁抱在一
起，旁觀者會不由自主地生出愉悅和欣慰之感；看到伴侶觀
賞著生活中不常見的美景而產生喜悅的表情，我們也會不由
自主地感到開心和滿足。

（七）直率與含蓄
—— 情緒的文化差異

情緒是每個人與生俱來的心理表現，具有普遍性，細心觀察我們不難發現，人的很多情緒大都有著相似的外部表情變化，比如打招呼時都會露出笑容，難過的時候都有著悲傷的表情，高興的時候都是笑顏逐開等等。但情緒又是複雜的，人們表達情緒的方式會因為每個人性格的不同而表現出微妙的差異，有些人性格熱情奔放，有些人性格灑脫不羈，有些人則深沉內斂，還有人性格陰鬱沉悶。不同性格的人表達自己情緒的方式也不相同。

人們感知和表達情緒的系統是隨著每個人的成長而不斷地進行完善的，在嬰兒時期，孩子會因為飢餓、想睡、疼痛、不舒服而用哭聲和肢體動作來表達自己的情緒。但隨著時間的流逝，孩子的心智在不斷地發展和完善，他們表達情緒的模式也會隨著每個人的成長環境和所接受的教育等的不同逐漸固定下來。世界上沒有相同的兩片葉子，也沒有完全相同的兩個人，每個人對情緒的體會和理解程度也有著一定的差異，尤其是在不同文化背景下，人們表達情緒的方式的差別就更為明顯。

　　琳琳和盼盼是同一所大學的學生，兩個人的年齡相仿。琳琳的爸爸媽媽都是非常幽默的人，家庭氛圍輕鬆和諧，家裡總是一片歡聲笑語，所以他們養育出來的琳琳，性格開朗，活潑好動，人又聰明，在班上人緣很好，同學們都很喜歡和她一塊玩。盼盼和琳琳不同，盼盼家風嚴謹，講究食不言寢不語，待人接物彬彬有禮，盼盼的爸爸更是注重對女兒的教養，要求女孩子舉止端莊，語言得體，所以盼盼的性格內向保守，容易害羞，她很少和陌生人接觸，平時和班上的男生講話都會臉紅。琳琳和盼盼分到了一間寢室，由於性格互補，兩個人相處得十分融洽，很快成了無話不談的好朋友。

　　一場校園春季運動會，讓兩個女孩都遇上了自己心儀的對象。盼盼喜歡的是這次運動會的主持人、校園廣播站的站長；琳琳喜歡的是籃球社的風雲人物，在這次校園籃球比賽中出盡了風頭的籃球校隊隊員。兩個女生談心的時候說起了自己喜歡的對象，兩個人為了接近自己喜歡的人想盡了各種辦法，絲毫沒有運動細胞的盼盼陪著琳琳報了籃球社，對播音主持沒有任何興趣的琳琳則陪著盼盼報了廣播站。

　　最終，兩個人如願以償，和自己心儀的對象有了一定的接觸。但可能是性格的原因，兩個人在要不要向喜歡的人表白的問題上產生了分歧。

　　琳琳認為只做朋友太無趣了，自己滿心的喜歡都快要溢出來了，卻不能第一時間告訴對方，這實在太難受了。所以琳琳想要坦白地告訴對方，不然怎麼能和喜歡的人有進一步的發展呢？

　　盼盼卻認為上去就告白實在是有些突兀，會顯得很失禮，萬一嚇到了對方，很可能連朋友都做不成了，怎麼也得互相認識一段時間，才好進一步發展。而且盼盼覺得喜歡一個人未必要告訴對方，貿然說出自己的情意對他人來說也有可能是一種困擾。

　　兩個人各執己見，誰也沒能說服誰。琳琳後來實在忍不住，跑去跟自己喜歡的人告白，但遺憾的是對方已經有女朋友了，琳琳的戀情還沒有開始便結束了；盼盼和廣播站的站長認識了一段時間之後，發現站長也早已名草有主，自己的暗戀也無疾而終。

　　面對同一件事情，不同性格的人的做法可能截然相反，表達情緒也是如此。有些人情緒外放，內心有什麼體會，會忍不住要和其他人分享；有些人情緒內斂，不擅長將自己的情緒或心事分享給其他人。琳琳和盼盼兩個人接受了不同的家庭教育，在表達情緒方面採取的方式也不相同。我們可以在影片中看到歐美的父母會直接對孩子說「寶貝，媽媽（爸爸）愛你，你是我最重要的人」之類的話，但在亞洲這種情

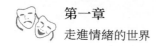
況卻十分罕見，因為與熱情奔放的西方人相比，亞洲人在表達情緒的時候講究的是含蓄內斂。

網路上流行過一幅漫畫，漫畫的內容大致講述的是「奶奶的愛」。老年人思想保守，不會將內心的愛意表達出來，所以大多數人很難從老一輩或者父母的口中聽到「孩子，我愛你」之類的話，但他們也有著自己獨特的表達愛意的方法。奶奶會做上一桌可口的飯菜，席間不停地給家裡的孩子夾菜，一個勁兒地讓孩子吃，也不管孩子是不是吃不下了；還有的老人想念孩子，雖然不會直接說，但他們會想盡各種方法來讓孩子多留一會兒。

現在很多年輕人喜歡捧著手機打遊戲、網購、瀏覽影片和網頁，簡直片刻不離手機，沒有 Wi-Fi 對他們來說無異於一種酷刑。因為年輕人很難在沒有 Wi-Fi 的屋子裡住下去，所以為了讓孩子多陪伴自己，很多老人會默默地在家裡安裝 Wi-Fi，希望孩子能夠在家裡多待一段時間。其實很多老人連智慧型手機都未必會使用，掏錢在家裡安裝 Wi-Fi 自己根本就用不到，但這樣至少能讓孩子願意多待一會兒。這也是他們表達內心情感的一種方式。

在國中的國文課本中，有一篇朱自清的散文〈背影〉，文中寫父親要去南京找工作，兒子要從南京搭乘火車前往北京。本來父親因為事務繁雜，說好了不再親自去送兒子上火

車，而是找了旅店裡一個相識的小夥計去送。父親之前已經多次叮囑小夥計，但兒子要走的時候他還是不放心，親自去送了。儘管他知道從南京到北京的這趟火車，年滿二十歲的兒子已經坐過很多次了，完全能夠照顧好自己，但他仍然選擇親力親為，還在火車上囑託了一位茶房來照應兒子，甚至拖著笨重的身軀翻過月臺，去給兒子買了點新鮮的橘子。

　　全篇看下來，父親沒有對兒子說過一句想念的話，但他的每個行為的背後無不飽含著對兒子的關心和呵護。這也是父親表達內心感情的一種方式。雖然很多人不擅長將自己的情緒用很直白的語言表達出來，但是他們會將這些深厚、濃重的情緒透過貼心的行為傳遞出去。

　　情緒雖然有著跨文化的一致性，但是受到不同的文化薰陶之後，人們用來表達情緒的行為舉止卻有著一定的差異。在東西方文化的摩擦與碰撞中，這些差異更是顯而易見的。國外有人做過一個實驗，找一些東方人和西方人一同觀看一部外科手術紀錄片，當然這部紀錄片會引起人們的某些不適感。實驗組織人員發現，在觀看紀錄片的過程中，一旦出現某些會讓人們的生理產生不適的畫面時，東西方人做出的反應也會存在某些差別，這一點從受試者的面部表情上就能夠看出來。西方人會更為直觀地在表情上表現出自己的不適，甚至會做出扭頭避開或者改變坐姿等動作；而東方人則大多

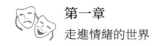
不動聲色，甚至會用微笑來隱藏自己的不良情緒。這正是東西方文化的差異所造成的。

　　情緒的文化差異還表現在人們的手勢、肢體語言等多個方面。在不同的文化背景下，表達情緒的時候，不同的行為甚至代表了截然相反的意思，例如一個簡簡單單的稱讚手勢——「豎起大拇指」。顯而易見，這是一個誇讚和表示一切順利的手勢，在包括臺灣在內的大多數國家中，這個手勢都代表了對他人的稱讚；但是如果放在歐洲的一些國家，這個手勢會被別人理解為你要搭便車，和我們所理解的意思可謂風馬牛不相及；而在個別國家的文化中，這個手勢更是代表了侮辱和挑釁，與我們所理解的意思完全相反。就連簡單的點頭、搖頭兩個動作，在不同的文化背景中也有截然相反的含義：在大多數國家，點頭表示贊同，搖頭表示不贊同；但在印度、巴基斯坦等國家，搖頭的意思卻是表示贊同。情緒表達的文化差異如此之大，稍有不慎就有可能引發一場誤會。

　　在人際交往的過程中，正確地辨別他人的情緒能夠幫助我們更加順利地營造一張良好的人際關係網。但如果拋開文化的差異性，想當然地按照自己的常識去分析他人行為背後的情緒，往往會讓我們費力不討好。

第二章

擁抱積極的情緒

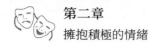
（一）成功的催化劑
—— 積極情緒的力量

　　情緒有積極情緒和消極情緒之分，也可以稱為正面情緒和負面情緒。積極情緒指的是一種積極的心理狀態，當一個人對待自身或者他人以及周邊事物的心態是正能量的、穩定的、樂觀的和充滿希望的，那麼這就是一種積極的、良性的心態，這個人的情緒也是積極的。被積極情緒圍繞的人在生活中遇到挑戰會迎難而上，即使飽受挫折的打擊，也依然有從頭再來的信心和力量。而消極情緒與積極情緒恰恰相反，被消極情緒左右的人，他們的大腦裡充斥著悲觀的念頭，但凡遭受一點挫折，有一丁點失敗的可能，他們就會下意識地想到退縮，不會鼓起勇氣嘗試；一旦遭遇失敗，則很有可能沉浸在失敗的情緒中無法自拔，阻礙自身的進步和發展。

　　國外有這樣一則小故事：

　　一天，一個普通的家庭中誕生了兩個可愛的男嬰，雙胞胎的降臨讓他們的爸爸媽媽高興壞了，這對父母滿懷著愛心和期待養育著這兩個孩子，給了他們同樣的關懷與呵護，希望他們能夠健康地長大成人。時光匆匆流逝，很快就到了兩個孩子的十歲生日，這一天，孩子們的父親為他們準備了同樣的禮物。

父親帶著兩個孩子到了自家的馬廄中，讓孩子自己去倉庫中尋找自己的禮物，但兩個孩子推開倉庫的門時的反應卻並不相同。弟弟看到倉庫裡的一匹小馬時，興奮得一跳三尺高，衝出去抱著自己的父親，感激地說道：「謝謝爸爸！我早就想擁有一匹自己的小馬了，我可以騎著牠在我們的農場裡轉圈圈了，這真是我得到的最好的禮物了。」父親聽完樂得哈哈大笑。

然而，哥哥看到倉庫裡同樣的小馬時，雖然也有興奮和驚喜的情緒，但他很快就想到，這匹小馬真是無窮無盡的麻煩，他以後不僅要為小馬割草，還要清理牠的糞便，這可真讓人頭痛。想到這些後，他的笑容消失了，但他還是勉強擠出微笑對父親道謝，父親有些擔憂地問他是不是不喜歡這個禮物，他胡亂地安慰了父親一通，並沒有說出自己的煩惱。

很快，父親就發現大兒子和小兒子的情緒差別有點大，小兒子對什麼事情都保持著好奇的心態，樂觀又積極，哪怕出去玩時他們的車壞在了半路上，小兒子也會說：「這真是太酷了，好多電影都出現過這樣的情節，也許我們要有什麼奇遇。」而大兒子則絕望得快要哭出來，他擔心地說道：「如果沒人來，我們會不會就這樣餓死在這裡啊！」

儘管父親向他保證自己已經打電話求救，一定會有人前來營救他們，但大兒子還是擔憂得連連嘆息，不時地問：「為什

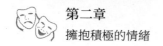
麼到現在還沒有人來？」當父親在車子上找到半瓶水的時候，小兒子開心地說道：「看，多棒！我們還有半瓶水可以解渴。」大兒子則擔心地說道：「太糟糕了，我們只剩下半瓶水了，如果救援人員不能及時趕到，我們一定會喪命於此的！」

後來，父親將自己的想法分享給了孩子的母親，兩人都很擔心大兒子的心理狀態，完全不知道他的悲觀從何而來，也不知道如何開解他，雖然為兒子預約了心理醫生，但心理醫生提供的幫助也非常有限。父母的這種擔心一直持續到了孩子成年。結果，成長在同一個家庭環境中的雙胞胎兄弟成年後有了截然不同的未來，小兒子由於活潑積極的性格在學校裡非常活躍，交了很多朋友，博得了眾人的喜歡，找工作也非常順利，成功地和社會接軌，成了一名有為青年；大兒子卻由於擔心自己找工作被拒，乾脆放棄了找工作，宅在家裡打起了遊戲，任何改變都不想嘗試。

從這個小故事中我們可以發現，積極情緒和消極情緒對人一生的影響之大。所以在學校教育中，老師會將對學生的積極心理狀態的培養和訓練作為文化素養教育中的重點來開展教學。因為積極的心態對於一個人的人生所起的作用是不可忽視的。走上社會，人們會面對各種壓力與挑戰，沒有積極的心態，就更容易在未來嚴峻的競爭形勢下落敗，被不斷發展和進步的社會淘汰。

一般來說，積極的情緒包括愛、享受、樂觀、希望、自信、感恩、歡樂、勇氣、忠誠等。積極的情緒能夠影響人們的認知，有助於智商和情商的發展，對人們的身體健康有著積極的作用；同時，讓人們能夠更多地去發現生命和生活中的美好，對自身的發展也發揮著重要的作用，可以說是人們生活中不可或缺的一部分。

生活中，我們常常能夠聽到別人安慰那些在生活或者工作中遭遇挫折的人：「不要想太多啦！心態正面一點，下次再努力就可以啦！」那麼我們為什麼要保持積極的心態呢？因為積極的情緒和心態能夠最大限度地激發人們對生活和工作的熱情。

三個工人在工地上頂著炎炎烈日做著砌牆的工作，這時候有人走上前來問他們：「你們這是在做什麼？」第一個工人沒好氣地說道：「眼睛還好嗎？沒看到我在砌牆呢！」第二個工人笑著說：「我們在蓋一棟房子。」第三個工人則頗有些驕傲地說：「我們正在為這個城市蓋一座偉大的建築！」十年後，回答自己砌牆的那個工人仍然老老實實地做著砌牆的工作，第二個工人有了自己的建築團隊，而第三個工人則成了一名優秀的城市建築設計師。

為什麼十年前做著相同工作的人，他們的人生軌跡會有如此大的差異呢？這正是積極心態從中產生的作用，因為心

態能夠影響一個人命運的走向。當一個人保持高漲的情緒和積極的心態時，他面對生活中的困難和挫折，更願意從積極的角度去考慮問題，相信天無絕人之路，於是他會自覺調動自己的積極性，更加迅速地採取行動，付出努力。而當一個人心態悲觀的時候，他往往會習慣性地採取否定思維，乾脆不做任何嘗試，因為在悲觀的人看來，這樣儘管品嘗不到勝利的果實，但是至少不會收穫失敗的惡果。殊不知失敗也是人生的一種經歷，他們拒絕失敗的過程實際上也正是拒絕成功的過程。

積極的情緒和心態還能夠提高人的專注力和創造力，幫助人們提高解決困難的能力。

清朝的時候，有一位陳姓商人在城裡的一條商業街中盤下了一間大房子做布料生意，由於店面選得好，布料的品質高、款式新穎，所以他的生意深受城中富戶的歡迎。很多同行眼見他開店賺得盆滿缽滿，都非常羨慕，於是紛紛在他的布料店旁邊開店，想要分一杯羹。但由於布的品質和款式均不如陳記布莊的好，其他店的生意都不溫不火。

當時正值夏日，天乾物燥，其中一家裁縫鋪突然著了火，古時候街上的很多店面都是木材建造的，店中又是易燃的布料，於是火趁風勢越燒越大，不僅燒了商業街的店面，火勢還蔓延到了附近的民宅中。人們奮力撲救也只是杯水

車薪，根本無濟於事，熊熊的火光將半城的天空都染成了紅色。

許多店主眼見自己的店被火燒，不顧性命地衝了進去，想要將自己在店裡的貨搶救出來。陳姓商人本來也想找些人將自己的貨搶出來，但不幸的是，起火點離他的店鋪太近了，面對熊熊燃燒的店鋪，僕人根本無法衝進去。陳姓商人看到如此情形，雖然心痛貨物，卻更慶幸沒有人員傷亡。這時街上已經有很多店主因為沒有搶出自己的貨物而坐在地上號啕大哭，有些人甚至一邊唸叨著「完了，家當全沒了，我也不想活了」，一邊往火裡衝，幸好被人給拉住了。

按理說陳姓商人店面最大，庫存最多，損失也遠比其他店主嚴重，但他並沒有太過悲傷。他看著被大火吞噬的整條街，陷入了深思。不一會兒，他抬起頭，有了新的想法，他連忙趕回家裡找來帳房先生，估算了自己全部的財產，然後帶著人連夜渡江到鄰省購買了一大批木材屯了起來。沒過多久，當地的官府就下發了火災的救助金來幫助人民安定生活，人們拿到了錢，紛紛前去購買木材重新修建房屋。

此時鄰省也聽說了這場火災，一時之間，木材的價格竟然飛漲了起來，就連運木材工人的工錢都漲了一倍。這時候，陳姓商人之前所購置的木材恰好派上了用場，他在木材沒有漲價的時候就已經用低價購買了一批，現在即便漲價銷

售也比人們跑到外省去買木材划算得多，所以人們紛紛在他這裡購置木材。陳姓商人藉此機會大賺了一筆，當初在火災中損失的錢全賺回來了不說，多餘的錢還夠他再開兩間布莊。他立即將陳記布店重新開了起來，沒過多久便恢復了顧客盈門的盛景，而之前和他一起開店的店主們只顧著心疼自己的那些損失，還沉浸在挫折的深淵中難以自拔，白白錯過了翻身的好機會。

情緒積極的人在遭遇困難和挫折的時候，更具備直面困難的勇氣，努力思考解決問題的辦法，藉以擺脫困境。而一味地沉溺於消極情緒中，只會讓自己的行動力和進取心備受打擊。雖然保持積極的情緒能夠給我們的工作和生活帶來很大的助益，但在生活中，我們面對的壓力是來自多方面的，在重重壓力之下，我們很難時時刻刻都保持著積極的狀態。那麼，我們應該如何培養自己的積極情緒呢？在被負面情緒左右的時候，我們又該如何調控自己的情緒呢？

首先，我們要認真地對待生活，發現生活中瑣碎的美好。早上起來看到街上盛放的鮮花，熱氣騰騰的早點；聽到一兩聲清脆的鳥鳴，鄰里間親切的問候，都能夠讓我們的心情愉悅起來。閒暇時間與朋友的一次相聚、認真烹飪一頓晚餐、看了一本好書等，都會讓我們產生充實感和成就感。這些便是積極情緒產生的源泉。當我們用心去感受周圍的一切

時，那顆在鋼筋水泥的冰冷森林的包圍下日漸麻木的心臟就
會充滿活力和希望，就會讓我們的積極情緒不斷地得以累
積，讓我們的心靈感受到溫暖和美好。

　　其次，我們還要善於苦中作樂、忙裡偷閒，在艱難的環
境中看到現實好的一方面，這樣才能夠在困境中找到生機。

　　一頭驢子掉進了一口枯井裡，驢子的主人叫來一群人想
辦法。人們七嘴八舌地商量著對策，想了很多辦法，但都
沒能把驢子從井裡撈出來。最後有人提議說：「既然救不出
牠來，不如就把牠埋葬了吧，好歹牠也替你做了這麼多年的
工作了！」主人想了想，答應了，人們便從自己家裡拿出鐵
鍬等工具，開始往井裡填土。誰知道土撒在驢子身上後，驢
子迅速扭動身體，抖掉了身上的泥土，並將這些泥土踩到腳
下。就這樣，人們往井裡投的土越來越多，驢子腳下的土也
越來越多，等身下的泥土到了井口附近的高度，驢子縱身一
躍，就從井裡跳了出來，飛快地跑遠了。

　　積極的情緒能夠讓人們在遭遇困境的時候不放棄，消極
的情緒卻往往會讓人坐以待斃。所以很多時候，積極情緒影
響下的人生和消極情緒影響下的人生是有著巨大差異的。保
持積極的情緒，我們就能夠化危機為轉機，將困境變成磨練
個人意志的機會。

　　積極情緒的來源與個人價值的實現還有著密不可分的關

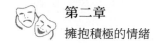
係。當我們做成一件事情時，我們的個人價值得以實現，成
就感就會油然而生，此時成功所帶來的愉悅是其他事情無法
取代的。所以很多時候，我們要學會利用自己的優勢，為自
己創造更多成功的機會，為自己的積極情緒建立一個加油
站，即使是在負面情緒占據內心的時候，也能找到讓自己重
新樂觀起來的正能量。

（二）天生我材必有用
—— 積極情緒之自信

　　小慧和欣欣是同一家企業的員工，兩個人的性格一個內斂，一個活潑。小慧比欣欣早進入公司半年，但兩人工作能力相當，和同事們相處得也都不錯。不過同事們跟欣欣的關係更為密切一點，因為小慧雖然做事乾淨俐落，但性格內斂，平時和同事們交流得也不太多。但公司的劉總更信任小慧，這可能與她的性格沉穩有關，所以這次部門經理離職之後，劉總直接找來小慧，問她是否有意向擔任部門經理。

　　本來劉總都已經確定要任命小慧做部門經理了，畢竟他認可小慧的工作能力，但沒想到小慧聽到這個消息之後竟然連連擺手說：「不行的劉總，您讓我做個普通員工還可以，讓我當部門經理我做不來的，我怎能管得了那麼多人！」劉總勸她道：「這些年我也看到了妳處理問題的能力，妳也了解之前那個部門經理每天的工作內容，她不在的時候妳不是也曾代理過她的職務？妳要相信妳自己，妳完全能夠勝任這份工作。」但小慧還是說：「那只是替她上了一天班而已，長期的話我真的做不來，劉總您還是任命別人吧，管人我不行的。」

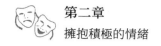
　　劉總見她一味推辭，便不好再勉強，轉而叫了欣欣過來。欣欣聽到這個消息之後，和小慧的反應完全不同，她高興得幾乎從椅子上跳起來，有些難以置信地問道：「真的讓我做部門經理嗎？太好了，謝謝老闆，您放心，我一定會努力學著做好這份工作的！」劉總聽了她的話，也不由得高興了起來。

　　欣欣做了部門經理之後果然更加用心，雖然偶爾也會出一些小問題，但有小慧等同事的幫忙，總歸沒有造成太大的影響，部門業績也有了穩步的提升。而小慧面對現在的局面想的卻是：「還好當初是欣欣當了部門經理，要讓我做，我肯定就搞砸了。」

　　小慧真的會搞砸嗎？這倒未必，只不過她太不自信，所以放大了自己將會面臨的困難，並由於擔心未曾發生的事情而白白浪費了大好的機會。很多人都像小慧一樣，因為不自信而錯過了提升自己的機會；還有一部分人因為不自信，不敢對自己心儀的人告白，導致了一生的遺憾。

　　在日本的一個綜藝節目上，有一個環節，是請路人送給年輕時候的自己一些話。其中有一個叫做秋元秀夫的七十六歲老人，對年輕的自己說了一些話。他先是幽默地鼓勵了十八歲的自己努力讀書，然後對二十四歲時猶豫著要不要求婚的自己說出了這樣一段話：「你會在公司遇見一個超級可

愛的女生小花，並和她交往，但是由於你的女人緣一向不好，你懷疑自己是否能夠配得上小花，所以就一直猶豫要不要求婚。心中有愛就要馬上行動啊，因為兩年後，小花就會因為患上絕症而死去，你會無比後悔，極度悲傷，一直都忘不掉。所以你直到七十六歲時仍然獨身一人，終身未娶。所以請你替我轉告小花，我整個人生中唯一愛的女人就是小花，最喜歡的就是小花，請你一定替我轉告她。」

正是因為不自信，所以秋元秀夫沒能夠及時地跟小花求婚，導致他錯過了自己最愛的女人，造成了終身的遺憾。如果他自信起來，勇敢地向小花求婚，也許兩個人的人生會有很大的不同。事實上，現實生活中也有很多人像秋元秀夫和小慧一樣，錯過了人生的很多成功和美好。

蘇格拉底曾說：「一個人能否有成就，只看他是否具有自尊心和自信心這兩個條件。」擁有自尊心，我們就擁有了人際交往的底線，能在自尊與尊重他人的基礎上進行正常的人際交往；自信心則是一個人成功的關鍵，它對一個人的一生有著無比重要的作用。在日常生活中，我們會和各式各樣的人產生交集，我們待人接物的態度也決定著他人對待我們的態度。自信的人和不自信的人面對人和事時是兩種完全不同的態度。自信的人面對困難時會躍躍欲試，充滿了挑戰困難的勇氣；不自信的人則滿腦子都是退縮的念頭，因為他們

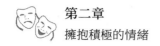
在內心裡已經否定了自己的能力，所以他們在待人接物的態
度方面都透露著卑微和謹慎。

有這樣一則故事：

一個小女孩從小十分自卑，覺得自己沒有其他同齡的小
女孩漂亮，也沒什麼特長，所以她很少對其他人微笑，也不
敢和其他人講話。直到有一天她路過商店的時候，看到商店
的櫥窗裡放了一枚精緻的髮夾，只一眼小女孩就喜歡上了這
枚髮夾，她滿懷激動地走進商店裡，盯著髮夾看了很久。商
店的售貨員走上前詢問她，小女孩羞澀地表達了自己想要買
下這枚髮夾的意願，店員熱情地為她戴上了髮夾，小女孩瞬
間覺得自己和以往相比漂亮多了。

她開心地付錢給售貨員，然後蹦蹦跳跳地離開了。由於
小女孩太開心了，她一時間沒有注意，出門的時候不小心撞
上了一個老爺爺。她向老爺爺道過歉之後匆忙趕到了學校，
她想她戴著這麼漂亮的髮夾，大家一定都會喜歡她的，想到
這裡她開心地笑了。進到教室裡，她甚至破天荒地對幾個同
學笑了笑，同學們表現得也比平時友善得多，聊天和玩遊戲
的時候會主動叫她一起玩了。

小女孩心想，這都是這枚髮夾的功勞啊，可是當她伸手
去摸自己頭上的髮夾時，卻發現自己頭上的髮夾不知道什麼
時候不見了蹤影。小女孩急壞了，她找遍了教室裡所有的角

落，也沒有發現髮夾的蹤跡，她想大概是在下課的時候掉在了哪裡又被誰撿到了吧！沒有了髮夾，大家大概不會喜歡她了吧！想到這些小女孩絕望得哭了，但奇怪的是，依然有同學親切地拉著她說話，可是丟了髮夾的小女孩心裡總是有點空落落的，也沒有多想。

放學的時候，小女孩無精打采地往家走，回去的路上又路過那家店，結果售貨員主動和她打起了招呼：「小妹妹，妳早上跑得也太著急了，髮夾掉了都不知道。」小女孩一看，售貨員的手裡正拿著那枚髮夾。小女孩頓時明白過來，同學們並不是因為她戴了漂亮的髮夾而變得熱情，而是因為自己展露出了自信的笑容，向他們釋放了友好的信號，所以她才受到了其他人的歡迎。想到這些，小女孩心情好多了，她想她不必用髮夾來找回自信了，因為早上的經歷已經讓她找到了自信。

自信對於個人的發展有著積極的作用，自信的人能夠樂觀地面對人生中的風雨，對於將來也有著更美好的展望。法國偉大的軍事家、政治家，法蘭西第一帝國的締造者拿破崙曾經說過：「不想當將軍的士兵不是好士兵。」這句話的潛在意思正是要提醒人們自信心的重要性。

自信是一個人成功的基石，如果一個人不自信，那麼他做事情的時候便缺少了必勝的勇氣。只有相信自己，才能夠將自身的力量最大限度地施展出來。

　　世界著名的交響樂指揮家小澤征爾曾經參加過一次世界級的優秀指揮家大賽，在賽場上，他按照評委提供的樂譜指揮樂隊進行演奏。但是在指揮的過程中，小澤征爾敏銳地發現自己按照樂譜指揮時，有一處顯得非常突兀，這令整首樂曲出現了不和諧的聲音。他本以為是樂隊的演奏出現了錯誤，就停了下來，在不對勁的地方指揮著樂隊重新演奏了一次。這一次他觀察得很仔細，樂隊就是按照他所指揮的節奏進行演奏的，並沒有絲毫偏差，但是樂曲還是非常不和諧。

　　這令他產生了質疑，他對著在場的作曲家和各位評委說出了自己心中的疑惑，小澤征爾認為自己的指揮、樂隊的演奏都沒有問題，出了問題的是樂譜。但是作曲家和各位評委堅持認為樂譜沒有問題，小澤征爾拿著樂譜仔細地看了一陣，然後他抬起頭對著作曲家和各位評委堅定地說道：「不，我相信自己的判斷，這份樂譜就是錯的。」小澤征爾話剛說完，作曲家和評委們就一起站起身為他鼓起了掌。

　　原來評委們給出的樂譜的確是錯誤的，他們設計這個圈套，就是想看看指揮家在受到某些權威人士質疑的時候，能否堅定自己的信念和主張。雖然其他選手也發現了樂譜上的錯誤，但當他們的疑問遭到評委們的否定時，他們不能夠堅持自己的判斷，而是服從了評委們的意見，所以遭到了淘汰。小澤征爾則因為自信和堅持，最終獲得了這次世界指揮家大賽的冠軍。

我們可以發現，自古以來的成功人士都有著自信的特質，詩仙李白寫道：「天生我材必有用，千金散盡還復來。」詩聖杜甫寫道：「會當凌絕頂，一覽眾山小。」自信如黑暗中一盞閃爍的明燈，指引著人們前進的方向。遇到困難，自信的人能夠披荊斬棘，成功地到達自己的目的地；而不自信的人做事情往往會事倍功半，可能還會將自己原本大好的前程毀掉。

自信的人相信自己的能力，從不妄自菲薄，也不擔心其他人瞧不起自己，因為他們會用自己的努力去贏得成功。不自信的人不僅會懷疑自己的能力，還會質疑周圍人的看法，甚至影響正常的生活、學習和工作。自信還能夠激發人的潛能。人無完人，每個人都有自己的優點和潛能，只要保持自信的心態，挖掘自己的潛能，大部分事情我們都可以很好地完成。

著名的天文學家、自然科學的先驅哥白尼在提出「日心說」的時候，也被很多人反對，甚至一度遭到了壓迫。但他堅持了自己的理論，直到科學技術的發展證明了他的結論，即並非是太陽繞著地球旋轉，而是地球繞著太陽轉。在了解自己的基礎上，充分搜集資料，再經過嚴密的分析，最後堅信自己的判斷，這是一個複雜的過程，但堅持下來的人最終會取得成功。

　　心理學家曾經在美國一所學校裡做過一個關於自信心的實驗，他們想知道自信心對於一個人的影響究竟有多大。心理學家從校長那裡拿到了學生們上學期考試的成績單，他們選取了那些在班上成績較差的學生，隨後為學生們做「智商測驗」。所謂的智商測驗當然只是一個幌子，測驗之後他們將這些人找過來，對他們解釋了他們智商較高的測驗結果。

　　當這些學生聽說自己的智商高於其他人的時候，紛紛驚訝得說不出話來，因為他們平時在班上根本就不起眼。然而來自科研人員的「測驗結果」卻變相地認可了他們，這讓他們感到激動和興奮，甚至急著證明自己的確智商高於常人。就這樣過了一年之後，科研人員再次來到了這所學校，而這一年的期末考試成績讓他們感到非常意外，原來「吊車尾」的那些學生成績竟然都有了明顯的提高，還有些學生甚至拿到了全優的好成績。

　　科研人員相信，這不僅僅是心理暗示的力量，還有學生們的自信心，讓他們對學習產生了興趣。這種自信在人際交往中也產生了積極的作用，本來有一些孤僻的學生在有了自信之後，更願意和同學們接觸了，而且很快形成了自己的交際圈。

　　當一個人不自信的時候，即便機會擺在他面前，他也會首先在腦海中反覆地詢問自己：「我真的可以嗎？如果我搞

砸了怎麼辦？」在遭遇失敗之後，他更容易就此一蹶不振，所以相對於自信的人來說，他在面對生活中的挑戰和挫折時，取得成功的機會便大大地減少了。而當一個人自信的時候，他不會放大自己所遭遇的危機，而是正視自己的能力和當前所面臨的困境，冷靜地分析當前的情況並積極地尋求解決的辦法，進而取得成功。

自信的人能夠把握自己的命運，在人生的風浪中，鼓起風帆乘風破浪，抵達成功的彼岸。那麼，我們應該如何提升自己的自信心呢？

第一，要對自己有一個系統的了解，發現自己的優點與特長，並且懂得揚長避短，這樣才能夠避免失敗帶來的打擊。當我們被一時遭遇的挫折打敗的時候，不妨將自己的優點和特長以及之前成功的經歷翻出來看一看，這樣能夠幫助我們找回自信心。

第二，要有積極的心理暗示，將「我不行」、「一定做不到」之類的口頭禪改為「我一定可以」、「我必須嘗試一下」、「我還能做得更好」。在積極心理暗示的影響下，我們的心態也會逐漸發生變化，自信心也會不斷得到提升。在訂立目標的時候，我們也要使目標切合自身的實際狀況，切忌好高騖遠；當我們的目標一點一點按照計畫達成的時候，成功的喜悅會令我們的自信心加倍增長。

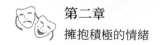
（三）生活中的大智慧
—— 積極情緒之感恩

有一個成語叫做「結草銜環」，這個成語是由「結草」和「銜環」兩個典故結合而成的。「結草」的故事來源於《左傳》：

在春秋時期，晉國有一位大夫叫做魏武子，魏武子有一個非常喜愛的小妾，名叫祖姬。祖姬雖然備受寵愛，但沒有生下一兒半女。魏武子憐惜她沒有子嗣，怕自己死後她孤苦無依，所以每次出征打仗的時候，魏武子都會反覆囑咐自己的兒子魏顆，讓他在自己死後為祖姬找個好人家嫁出去。

可是到後來魏武子生病了，他的病情越來越重，主意也變了。有一天，他把兒子叫到床前，對兒子說自己死後讓祖姬給自己陪葬，讓自己不至於泉下孤單。過了沒多久，魏武子就死了。魏顆為父親料理後事的時候自然想到了父親之前的囑咐，但魏顆還是為祖姬找了個好人家，將她風光地嫁了出去。魏顆的弟弟認為魏顆不應該違背父親臨終的遺囑，但魏顆卻說：「父親在病重的時候神志不清，難免會胡言亂語，說出要祖姬陪葬的話。但父親清醒的時候多次說過要我善待祖姬，所以我才按照父親之前的囑咐，為祖姬找了一個好人家，把她嫁出去。」

多年之後，魏顆奉命帶領士兵和秦國作戰，兩軍在青草坡交戰。秦將杜回是當時出了名的大力士，勇猛善戰，威震四方。他帶著手下的精兵，也不乘車馬，直接與晉軍近身肉搏，直殺得晉軍節節敗退。等杜回對上魏顆時，兩人更是打得難解難分。危急之時，杜回突然跌了一跤，這時魏顆發現一個老人不知何時出現在戰場上，並且把地上的青草都打成了結，用來絆住杜回的腳。杜回一時受驚，空有著千鈞的力氣卻施展不出來，魏顆趁機俘獲了杜回，大敗秦軍。

大勝的當晚，魏顆在自己的營帳之內睡覺時，忽然夢見了白天打仗時幫助他的那個老人，老人說：「當年你沒有聽從你父親的話讓我的女兒陪葬，而是給她找了個好人家嫁了出去，我在九泉之下深深感激你的恩情，所以今天結草相助於將軍，代替女兒祖姬報答你的恩情。將軍將來一定會世世顯貴，子孫也能封侯拜相，希望將軍不要忘記我今天的話。」

「銜環」的典故則源於一個古代的神怪小說：

傳說東漢年間名臣楊震的父親楊寶在九歲那年路過華陰山北，看到一隻黃雀被老鷹抓傷，墜落在樹下。雖然老鷹因為看到了人受驚嚇而離開，但黃雀在草叢中卻被一群螞蟻困住了，善良的楊寶把這隻黃雀救了下來，並把牠帶到家裡為牠治傷。這隻黃雀雖然受傷了，卻仍然挑食，除了黃花以外其他皆不食，楊寶便每天為牠採摘黃花。如此過了一百天，

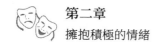
黃雀的傷逐漸養好了，羽翼也豐滿了，等傷口徹底癒合那天，黃雀振翅飛走了。

當天夜裡，楊寶便做了一個夢，夢裡一個黃衣童子向楊寶拜謝，黃衣童子稱自己是西王母的使者，不幸經歷劫數，幸好遇到了宅心仁厚的楊寶救了他。為了報答楊寶的恩情，他贈給了楊寶四枚白玉環，並說：「這四枚白玉環能夠保佑您的子孫品德高潔無暇，位列三公，為政清廉。」後來楊寶的兒子楊震、孫子楊秉、曾孫楊賜和玄孫楊彪四代果真都官職顯赫，而且為官剛正不阿，楊氏一族的美德也被後人廣為傳誦。

「結草」、「銜環」的故事雖然看上去荒誕不經，但兩者都含有有恩必報的意思。所以古人將這兩個詞合在一起作為一個成語，用來形容人們感恩圖報、至死不忘。

感恩，指的是對他人所給予的幫助表示感激，並予以回報。自古以來，感恩就是中華民族引以為傲的傳統美德，而我們日常所說的俗語「滴水之恩，當湧泉相報」等，都是用來形容人們懂得感恩和報恩的寶貴又高尚的品格。感恩不僅在華人的傳統文化中占據著一席之地，西方國家也非常重視感恩。在很多國家，還專門設有感恩節。

感恩是生活中的一種智慧。我們感恩於父母的生養，俗話說「父母的養育之恩比天高、比海深」，父母不僅給予了我們生命，還將我們養育成人，教會我們很多生存的本領，

所以我們會由衷地感激父母，在父母受到外界的欺負時勇敢地挺身而出保護他們，在父母白髮蒼蒼、行動不便的時候呵護父母、照顧父母。這是我們在回報父母的恩情，羔羊跪乳、烏鴉反哺以及人類贍養自己的父母安度晚年，都是感恩和報恩的一種表現。

我們也感恩於師長的諄諄教誨。古語有言：「一日為師，終身為父。」這句話恰好說明了老師在我們成長的過程中所扮演的角色有多麼的重要，正是他們教會了我們許多知識和做人的道理。儘管在我們犯錯的時候，他們也會嚴厲地責備我們，但當我們年少輕狂的階段過去之後，再回過頭來看，會發現許多令人尊敬的老師批評學生的出發點不外乎是「為了學生好」。所以很多人即便走出校門多年，還會再次去拜訪自己的恩師，在提到自己的母校的時候，也依然懷有一種感恩和懷念的心情。

我們同樣感恩於朋友的貼心陪伴。古人說「士為知己者死」、「海內存知己，天涯若比鄰」、「結交在相知，骨肉何必親」，所以古往今來才會有數不勝數的重情重義之人為朋友兩肋插刀。到了現在，友情仍然是每個人生命中不可或缺的一種情感，在遇到棘手的難題時，朋友能夠和我們並肩作戰，解決難題；在遭遇挫折的時候，朋友的貼心陪伴和鼓勵，能夠讓我們鼓起勇氣，重新站起來，接受生活中的挑戰。

　　我們還感激身邊不離不棄的愛人，因為他（她），我們才明白愛情的美好。正是他（她），陪伴著我們度過了生活中的風風雨雨，帶給我們感動和溫暖，在我們疲憊的時候給我們一個貼心的擁抱，讓我們受傷的心靈得到撫慰，讓我們在風暴來臨的時候擁有一個能夠停泊的港灣，讓我們即便處在人生的低谷也依然能夠生出源源不絕的打拚動力。

　　時常懷著感恩之心，我們就會在不知不覺中產生回報他人恩情的動力。所以我們會在父母纏綿病榻的時候耐心地照顧他們；在朋友遇到困難的時候無私地伸出援手；在愛人遭受傷害的時候勇敢地將他（她）保護在身後。

　　當我們成為懂得感恩的人時，我們的心態就會變得積極起來，我們的世界也會因此充滿陽光。當然，這個世界上也有不懂感恩和恩將仇報的人，但是世界上依然有很多願意對面臨著困難和危機的陌生人伸出援手的人，也正是因為這些可愛的人始終堅持著自己的善舉，也堅守著善良和懂得感恩的本性，才能夠讓人與人之間的信任有了扎根的土壤。

　　有句諺語叫做「贈人玫瑰，手有餘香」，其實感恩就是如此。當我們懂得感恩的時候，給他人帶去溫暖的同時也會讓我們自己變得更加快樂。

　　兩個人在沙漠裡旅行，烈日暴晒下，他們的情緒也變得焦躁不安，他們因為一件小事起了爭執，大吵了一架，其中

一個人還打了另外一個人一巴掌。被打的那個人心裡憤憤不平，於是他走出帳篷，在不遠處的沙地上寫道：「今天我很生氣，因為我的好朋友狠狠地打了我一耳光。」但兩個人的旅途並沒有因為這次小小的爭執而中斷，儘管彼此之間仍有矛盾，但他們仍舊收好了帳篷，繼續往沙漠深處走去。

沒過多久，他們看到了一片綠洲，兩個人興奮地往綠洲中心地帶的湖泊跑了過去，因為缺水，他們一路上連話都懶得說，更沒什麼力氣吵架了。就在他們打算盡情地喝水的時候，被打的人突然腳下一滑，掉進了湖裡，不會游泳的他拼命掙扎。這時候，另一人馬上跳進水裡，把他救了出來。

經過一番波折，兩個人之間的氣氛也不像之前吵架時那麼尷尬了，被救的人拿出懷裡的小刀，在湖水旁的一塊石頭上刻下了一行字：「今天，我差點掉進湖裡淹死，幸好我的朋友不計前嫌救了我。」一旁喝完水的朋友看到了他的舉動，問道：「為什麼我之前打了你，你把那件事情記錄在沙地上，而我這次救你的事情你卻刻在石頭上呢？」刻字的人回答道：「我把你打我的事寫在沙子上，是希望沙子能夠替我記住我曾受到的傷害，沙漠的風這麼大，過不了多久那些字就會連同我在你那裡受到的傷害一起被撫平了；我把你救我的事情刻在石頭上，是因為我希望自己能夠將你曾經救過我的恩情永遠銘記在心裡，像刻在石頭上一樣牢固，並找機會報答你。」朋友聽了他

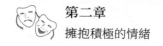
的話之後十分感動，為那天打他的事情向他誠懇地道了歉，兩
個人重歸於好，關係比之前更密切了。

感恩是我們為人處世的一種哲學，它能夠消除我們彼此
心中的積怨，讓人與人之間的關係變得更加純粹和美好。懂
得感恩的人能夠尊重他人，在與他人進行交往的時候能夠保
持積極樂觀的心態，更快地與人建立穩定的關係；在集體中
也能夠承擔自己的責任，堅守自己內心的道德標準，從而獲
得更多人的喜歡，對自己的人際交往大有助益。那麼，我們
如何才能夠學會感恩呢？父母在教育孩子的時候，首先教會
孩子的是懂得對他人說「謝謝」，這些行為會在有意或無形
中去教育孩子懂得感恩的道理。感恩並不是要求我們在受到
他人的熱心幫助時跪地以表謝意或是重金答謝，抑或是大張
旗鼓，必須用擺宴席、送錦旗等方式來答謝他人，感恩可以
是平日裡一句溫馨的問候和貼心的關懷，有時候一個不經意
的小動作、一張節日的賀卡、一句溫馨的話語、一次善意的
幫忙等足以表現出我們的感恩之心。這種細小但溫柔的行
為，可以讓那些在我們困難時向我們伸出援手的人感受到我
們的誠意和感恩之心，讓他們不至於心寒。

某報紙曾經報導過這樣一則消息：

多名企業家在總工會的號召下聯合舉行了一次助學活
動，為家庭困難的學生們提供一對一的資助。校方選出了

二十二名大學生，企業家們承諾在四年內給予這些貧困大學生一定的資助，帶頭的總工會送了一封信給這些接受資助的貧困大學生及其家長，希望這些大學生能夠抽空寫信給資助者，聊聊他們的生活和課業狀況等。

但是一部分受資助的大學生並沒有給這些企業家去信，還有一名大學生雖然寫了信給企業家，但信的內容卻是在強調自己的家庭如何困難，並希望企業家能夠繼續追加資助的資金，整封信看下來沒有半個謝字。這讓企業家非常寒心。所以當總工會再次號召這些企業家捐錢的時候，一部分企業家拒絕了，他們稱不會再把錢資助給這些不知感恩的大學生。

經過詢問，總工會了解了那些沒有給企業家寫信的大學生的想法，這些大學生認為自己成績好，所以受到資助是他們應得的。這恰恰是他們不懂得感恩的表現，把他人的善心當作自己理應享受的待遇，卻不明白其實幫不幫忙全看別人的心意，這不是別人的責任，哪有什麼應不應該呢？

懂得感恩，我們的世界就會多一些包容和理解，人與人之間的交流就會多一分和諧與友愛。當我們自己成為一個懂得感恩的人時，我們就會發現這個世界上善良的人無處不在，也會因為自己的感恩之心而備感快樂和溫暖，從而讓這個世界變得更加友善和美好。

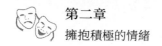
（四）讓友誼之樹長青
── 積極情緒之忠誠

　　俗話說：「在家靠父母，出門靠朋友。」友情是人這一生中最重要的情感之一，朋友也是我們人生中最重要的夥伴。在我們無聊的時候，是朋友陪著我們打發空閒的時間；在我們遇到困難的時候，是朋友義無反顧地伸出援手；在我們獲得成就的時候，朋友真誠地為我們鼓掌歡呼，為我們的成功感到驕傲；在我們遭遇危機的時候，朋友和我們並肩作戰。朋友在我們的人生中占據著非常重要的位置。

　　人是群居動物，在社會這個大集體之中，每個人都要找準自己的定位和與這個世界的連繫。那麼，是誰在維繫我們和這個世界之間的連繫呢？無非就是我們的家人、愛人和朋友等在我們的人生中占據一席之地的人，而朋友在其中產生的作用非常大。宋人方岳的「不如意事常八九，可與語人無二三」、樂府詩中的「樂莫樂兮新相知，悲莫悲兮生別離」以及曹雪芹的「萬兩黃金容易得，知心一個也難求」等詩句，無不是在說明朋友的重要性。

　　古代有「士為知己者死」的說法，這句話出自春秋時期的豫讓之口：

　　豫讓是春秋時期晉國智氏的家臣，除此之外他還有一個重要的身分，那就是刺客，豫讓是春秋時期著名的四大刺客之一。春秋時期，晉國有六卿，六卿之中趙襄子的勢力最為強盛。六卿因為一些事情產生了矛盾，日積月累之下，六卿中的智氏智伯瑤對於趙襄子的不滿越發強烈，趙襄子於是聯合了韓氏和魏氏兩卿攻打智氏，雙方交戰於晉陽，智氏不敵慘敗，智氏的家主智伯瑤被殺。趙襄子對智伯瑤尤為厭惡，即便智伯瑤死了，趙襄子的怨恨也沒有消除，而將智伯瑤的頭蓋骨拿來當作酒器。

　　豫讓本來是范氏、中行氏的臣子，但是當時豫讓並沒有得到他們的重用，所以當智伯瑤滅掉范氏、中行氏的時候，豫讓轉而投入智伯瑤的門下。智伯瑤非常欣賞他、看重他，豫讓對此十分感激。智伯瑤被殺後，趙、魏、韓三卿瓜分了智氏的土地，豫讓逃進了山林中。但在豫讓心中，智伯瑤是他的知己，待他十分誠懇，他決定傾餘生之力替智伯瑤報仇。於是他隱姓埋名，為自己偽造出了一個新的身分，並潛伏到趙襄子的王宮之中。在王宮中，他一邊洗刷廁所，一邊伺機報仇。

　　有一天，趙襄子來如廁，到廁所前突然心跳得厲害，他警覺自己即將面臨危險，就命令手下的人將洗刷廁所的人找來審問，豫讓的身分暴露了。這時他突然從懷中掏出鋒利的

匕首，一邊喊著「我要為智伯瑤報仇！」一邊飛快地刺向趙襄子，但趙襄子身邊的衛士更加眼疾手快，豫讓寡不敵眾，刺殺失敗被俘。衛士正要殺死豫讓的時候，趙襄子阻止了他們，說：「智伯瑤死去的時候沒有留下子息，身死即國滅，豫讓身為他的臣子不但沒有背叛他，反而在他死後為他報仇，這說明他是一個講義氣、有操守的忠厚之人。我不殺這樣賢良忠誠的人，日後我小心避開他就是了，你們把他放了吧！」

豫讓雖然被放走了，但他為智伯瑤報仇的心並沒有死。為了能夠隱瞞自己的身分，豫讓不惜將自己的容貌毀去，扮成一個沿街乞討的乞丐。但他的妻子卻聽出了他的聲音。為了進一步偽裝自己，豫讓甚至吞下了炭，毀去了自己原來的聲音。朋友看到他現在這副人不人鬼不鬼的樣子，為他感到不值，於是勸說道：「你用這種方法真是太不明智了，不僅自己吃足了苦頭，還很難成功，你為什麼不選擇更加容易的方法報仇呢？趙襄子明顯也很欣賞你，如果你現在接近趙襄子，向他投誠，為他盡忠，那麼他肯定會和智伯瑤一樣重視你、相信你的。等到他信賴你、不再對你設防的時候，你再實施自己的復仇計畫，不就簡單了嗎？」

豫讓聽完之後搖搖頭說：「我不能成為趙襄子的朋友，如果我為了老朋友去打新朋友，那就與我忠於朋友的原則相

悖。如果我做了趙襄子的臣子，一邊博取他的信任，一邊又暗中謀劃刺殺他，那我不就成了不忠不義之徒？此時是否能夠成功報仇已經不重要了，我只求為智伯瑤盡忠，哪怕是以死來報答他的知遇之恩。」

沒過多久，趙襄子外出巡視，豫讓提前得知了消息，他選在趙襄子巡視途中的一座橋下埋伏了起來。當趙襄子騎著馬走到橋邊的時候，他身下的馬突然間不安地掙扎起來，無論如何也不肯上橋，警惕的趙襄子當即感覺到了危險，他立刻讓手下在周圍展開搜捕，果然再一次抓到了豫讓。

趙襄子一看又是豫讓，不由得有些奇怪，他想知道豫讓為什麼如此鍥而不捨地刺殺他，於是問道：「我記得你之前是范氏、中行氏的臣子，當智伯瑤滅掉范氏、中行氏的時候你不但沒有替他們報仇，反而向智伯瑤投誠，做了他的臣子。現在智伯瑤被我殺掉，他沒有子孫可以繼承他的事業，他的土地也已經被我們瓜分，你為什麼還要替他報仇呢？」

豫讓說道：「此前我的確是范氏、中行氏的臣子，但范氏、中行氏只把我當成一個普通人看待，在他們眼裡我和其他人並沒有什麼分別，我也只能用對待普通人的方式去對待他們。而智伯瑤賞識我，把我當作朋友和國士來對待，所以我才會以朋友和國士的態度來回報他，即便他死去我也依舊忠於他，為他報仇。」趙襄子也是愛才之人，十分賞識豫

讓，但是聽完豫讓的一席話，他便知道自己是無法將豫讓這樣的人才收為己用的。於是，他遺憾地說道：「豫讓，你為智伯瑤報仇的事情已經天下皆知，現在人們都知道你是一個忠義之人，而你上一次刺殺我的時候我已經放過了你，對你可謂是仁至義盡。如今你依然要刺殺我，這一次我真的不能放過你了。」

趙襄子手一揮，衛士們便將豫讓團團圍住。豫讓對趙襄子說：「知其不可為而為之，幫智伯瑤報仇這件事我沒有後悔過，你之前已經放過我一次，現在天下人也都知道了你的賢明，世人無不稱頌你是睿智寬容的君主。我今天來這裡刺殺你，即便因此而死也沒有什麼怨言，但我臨死前有一個心願。智伯瑤死後，為他報仇成了我活著的信念，如今這個信念已經不可能實現了。我希望能夠得到你的王袍，用刀在上面刺上幾下，也算是全了我對智伯瑤的一片忠誠之心，這樣我即便是死去，也沒有什麼遺憾了。你能滿足我這個願望嗎？」

趙襄子聽完之後十分感動，當場把自己的外袍脫下來遞給衛士，豫讓接到王袍之後，拔出腰中佩劍，奮力地刺在王袍上，說道：「這姑且算是我豫讓為智伯瑤報仇了吧！」說完便把劍橫於頸上，自刎而死。天下的有志之士聽說了豫讓的事蹟之後，都被他的忠義之舉所感動，並深深為他的遭遇感到惋惜。

忠誠是朋友之間交往最基本的準則，只有忠誠才能夠讓信任的種子在友誼的土壤中生根發芽，茁壯成長。如果我們不能夠對朋友忠誠，那麼我們不可能與他人發展出更為穩定和密切的關係。即便遇到了困難，我們也沒有可以求助的對象，試問誰會幫助一個對自己不誠信的人呢？而當我們以忠誠的態度去和他人進行交往的時候，我們就能夠收穫真摯的友誼。

在西元前四世紀的義大利，有一個名叫皮斯阿司的年輕人，他因為冒犯了國王，被國王判處了絞刑，三天之後就要被處死。但皮斯阿司是一個非常孝順的人，他一想起自己死後年邁病重的老母親不知道自己的死活，也無人照顧，就不由得非常難過。他跪下來請求國王滿足他一個願望，他希望能夠在臨死前去安頓好自己的母親，並和她告別。

國王被皮斯阿司的孝心所感動，決定滿足皮斯阿司的這個願望，但是他有一個條件。他擔心皮斯阿司會欺騙他，在去看望母親的途中逃之夭夭，所以他提出要皮斯阿司找一個人來替他坐牢。如果皮斯阿司逃跑了，那麼這個代替皮斯阿司的人就要被送上絞刑架。

國王提出的條件近乎苛刻，皮斯阿司眼看就要死了，誰還願意幫助他呢？萬一皮斯阿司一去不回，替他坐牢的人豈不是要枉死了嗎？就在人們以為皮斯阿司的願望不可能達成

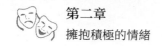
的時候，皮斯阿司的好朋友達蒙站了出來，他決定代替皮斯阿司去坐牢，讓皮斯阿司回去和自己的老母親告別。就這樣，皮斯阿司從牢房裡出來，迅速離開了都城，達蒙則安靜地在牢房裡等待著。

　　時間一點一點地流逝，皮斯阿司卻始終沒有出現，人們都認為皮斯阿司肯定欺騙了國王和達蒙，說不定他現在都已經逃遠了。就在人們議論紛紛的時候，三天的期限到了，達蒙被人押著上了囚車，他即將被送到絞刑架處死，路邊的人一邊同情達蒙的遭遇，一邊責怪達蒙不應該盲目地相信皮斯阿司那個騙子，否則也不用替他去死。達蒙在人們吵鬧的議論中始終面色平靜。

　　來到絞刑架前，國王已經在那裡安然落座了，一旁的行刑手乾脆俐落地將絞索套上了達蒙的脖子。周圍心地善良的人開始哭泣，他們認為像達蒙這樣的好心人不應該就這樣被處死。就在國王要下令絞殺達蒙的危急時刻，飛奔而來的皮斯阿司擠開擁擠的人群高聲喊道：「國王陛下，請不要處死我的朋友，我趕回來了！」國王看向這個氣喘吁吁的年輕人，因為匆忙趕路，他的衣服上沾滿了塵土，臉上滿是汗水，但他依舊大聲請求不要處死他的朋友。在場的人都被這個畫面感動了，人們簡直不敢相信，皮斯阿司和達蒙的友誼竟然能夠經受得住生死的考驗。

　　就在皮斯阿司走上前，將絞索從達蒙的脖子上取下來套向自己的脖子時，國王擺了擺手說：「你們之間的友情感動了我，這樣重情重義的年輕人不應該被處死，我赦免你的罪行！」聽到這個消息，周圍的人都歡呼起來，把手絹和帽子拋向高空，他們一邊稱頌著國王的仁慈寬厚，一邊由衷地為皮斯阿司和達蒙兩人的結局感到高興。

　　朋友是在我們遭受危機的時候沒有拋棄我們的人，正是因為皮斯阿司的忠誠贏得了達蒙的信任，所以即便在生死關頭，達蒙依然相信皮斯阿司的人品，勇敢地為了朋友挺身而出，這樣的友誼足以感動世人。朋友也是我們在面臨利益與友情的抉擇時讓我們毅然選擇友情的人。唐朝的宰相白敏中就曾面臨過前途和朋友的艱難抉擇。

　　白敏中和賀拔惎是朋友，兩個人志趣相投，私交甚好，他們約定了一起到長安參加科舉考試。當時的主考官是王起，王起非常賞識白敏中，因為他是大詩人白居易的弟弟，出身望族又才華過人，所以想取白敏中為這一屆的新科狀元。但是王起非常討厭和白敏中交好的賀拔惎，認為白敏中這樣一個出身高貴的人不應該和出身貧寒的賀拔惎交往甚密，於是王起派出自己的心腹去勸說白敏中。這個心腹對白敏中說：「只要你不和賀拔惎來往，王主考肯定取你做狀元郎。」白敏中聽完後，皺著眉頭沒有接話。

　　恰巧賀拔基前來拜訪白敏中，白敏中的家人暗中得到了風聲，擔心白敏中與賀拔基的來往影響了白敏中的仕途，就推說白敏中不在家，三言兩語把賀拔基打發走了。白敏中得到消息之後大發雷霆，連忙追上去拉住賀拔基，將實情告訴了賀拔基，白敏中說：「左右不過是個狀元罷了，我怎麼能為了一個狀元的名頭拋棄我的朋友呢？」說著他便將賀拔基帶回家中，並在家中大擺宴席，和賀拔基痛飲了一場。王起的心腹將這些看在眼裡，回去就將事情的經過一五一十地回稟給了王起，並進言道：「白敏中捨不得賀拔基，寧可不做狀元郎，那大人乾脆就不取他做狀元郎好了。」

　　王起卻搖了搖頭說：「不，白敏中為了賀拔基這個朋友甘願不做狀元，不恰恰說明了他是一個對朋友忠誠的君子嗎？他不做狀元，誰有資格做狀元呢？」結果王起不僅將白敏中取為狀元，還將賀拔基一同錄取了。

　　在面臨仕途和朋友的抉擇時，白敏中毅然決然地選擇了自己的朋友，白敏中這種對朋友的赤誠之心感動了王起，也得到了世人的敬仰。然而這個世界上也不缺乏背信棄義的小人，在面對利益的時候，他們選擇出賣自己的朋友，喪失了做人的底線和對朋友的忠誠，拿珍貴的友誼去換取金錢、權勢等俗物。在四大名著之一的《水滸傳》中，陸謙就是這種背信棄義、賣友求榮的代表性人物。

　　陸謙和林沖是同鄉，兩人自幼便相識，也是相交多年的好朋友，林沖曾多次幫助過陸謙，更在自己做八十萬禁軍教頭的時候救過陸謙。但貪圖富貴的陸謙為了討得高俅的歡心，竟然設計將林沖騙到酒樓，又趁機將林沖的妻子騙到自己家中。他的詭計很快就被林沖識破了，但他不但不知道懺悔，反而接二連三地設計陷害林沖，給林沖安了個「手執利刃欲傷害朝廷命官」的罪名，害得林沖被杖責二十、刺配滄州還不夠，竟然還屢次三番地買通押解林沖的官差，想置林沖於死地。

　　但由於各種原因，押解林沖的官差一直沒有下手的機會，他便親身上陣，要火燒草料場，將林沖燒死。他本打算燒死林沖之後，撿走他的幾塊骨頭去向高衙內邀功請賞，怎料林沖因為風疾雪重下山買酒逃過了一劫，等他回來時恰好看到陸謙，仇人相見分外眼紅，林沖在山神廟乾脆俐落地將陸謙殺死，逃上了梁山。

　　像陸謙這樣背信棄義、恩將仇報的小人自然是不配得到友誼的，真正的友誼是朋友之間的不離不棄和患難與共。只有在忠誠的基礎上建立的友誼才能夠長久，而那些為了一時的利益而交往的關係並不能被稱為友誼，因為一旦一方的目的達到了，就到了這段關係終結的時刻。目的達到之後，雙方不能在這段關係中獲取更多的利益，彼此之間就連寒暄也

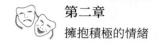
顯得多餘，這又怎麼能被稱為友誼呢？只能定性為暫時的合作或各取所需罷了。

　　真正的朋友即便短時間內失去連繫，依然不會對彼此感到陌生，因為他們相信的是對方的人品。所以如果想要交到真正的朋友，獲得真摯的友誼，請不要吝惜自己的忠誠，敞開心扉，真誠地與人相交，只有這樣，我們才能夠讓對方信任我們，從而建立穩定的友情。

（五）夜空中最亮的星
—— 積極情緒之希望

　　一位著名教育家說過：「希望是黑暗中的火光，使人精神振作；希望是沙漠中的綠洲，使人心曠神怡。」希望雖然看不見摸不著，卻切實地存在於每個人的心中。

　　在古希臘的神話傳說中，人類最初生活在寒冷之中，吃著冰冷的食物，日子過得非常艱難。普羅米修斯見到人間的這幅景象之後，從天上偷來了火種，教會了人們如何使用火。人們自此學會了使用火，利用火取暖，用火嚇走夜晚捕獵的野獸，用火加熱食物等等。但天神宙斯知道這件事情之後非常憤怒，為了懲罰盜火者普羅米修斯和因火而受益的人類，宙斯決定把災難降臨到人間。

　　宙斯命令火與工匠之神赫菲斯托斯根據女神的形象，用水與泥混合塑造出一個可愛的少女，傳訊之神漢密斯將她取名為潘朵拉，意味擁有一切天賦的女人。宙斯命令眾神一一贈送給她能夠誘惑人類的天賦，赫菲斯托斯給了她一件華麗的金色長袍，穿上這件美麗的衣服，她就會擁有誘惑男人的能力；眾神的使者赫爾墨斯教會了她言語的技能，讓她說出的話具有打動人心的力量；愛與美之女神阿芙蘿黛蒂替她灑

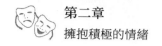
上了令人瘋狂的香味；智慧與戰爭女神雅典娜雖然幫她精心打扮，卻拒絕賦予她智慧。所以潘朵拉雖然美麗，卻單純得近乎愚蠢，她是集眾神祝福的尤物，同時也是宙斯送給人類的一個大災難。

宙斯送給潘朵拉一個密封的盒子，他告訴潘朵拉，不要輕易打開這個盒子，並命令赫爾墨斯把她帶給盜火者普羅米修斯的弟弟艾比米修斯。艾比米修斯一眼就被這個可愛的女人迷住了，儘管普羅米修斯此前曾多次警告他不要接受宙斯送給他的任何禮物，但是艾比米修斯仍然徹底淪陷在了潘朵拉溫柔多情的眼眸中，將哥哥普羅米修斯的警告拋在了腦後。

潘朵拉很快便成了艾比米修斯的妻子。潘朵拉雖然生活得安穩充實，但她內心依然對於宙斯送給她的盒子感到十分好奇。有一天，實在壓抑不住好奇心的潘朵拉打開了那個密封的盒子，結果，盒子裡的災難、瘟疫、貪婪、罪惡等禍患飛奔而出，在人間肆虐。從此，人類飽受災難和病痛的折磨，貪婪和罪惡讓人們互相殘殺，曾經幸福的生活不復存在。

打開盒子的潘朵拉意識到自己犯了大錯，驚慌失措的她連忙把盒子關了起來，於是當初智慧與戰爭女神為了挽救人類的命運而放在盒子最底層的美好的東西 —— 希望，被永遠保留在盒子裡。

希望是非常重要的一種情緒，它和夢想相近。關於夢

想，很多人都對它的重要性有著深刻的認知，網路上有句流行語叫做：「人沒有夢想，那和鹹魚有什麼區別？」的確如此，人如果失去了夢想，就會找不到人生的方向，而如果人失去了希望，就看不到自己的明天和未來，人生也會因此而失去色彩。每個人都是在迷霧中行走的旅人，而希望就是遠方的一盞燈，能夠為人們撥開迷霧，照亮前進的路途，指引著人們向著光明的前方走去。

在日常生活中，我們難免會遭受一定的挫折和磨難，有些人在與磨難抗爭的過程中越挫越勇，而有些人被挫折打敗後則一蹶不振，兩者的區別就在於是否保有希望。

美國著名作家歐·亨利（O. Henry）的短篇小說《最後一片葉子》（*The Last Leaf*），就講述了一個關於希望的故事。

一家醫院的某間病房裡，華盛頓貧民窟的窮學生瓊西因為患上了肺炎而生命垂危，病魔把她折磨得不成人形，她的精神也幾近崩潰，只有窗外的景色能給瓊西的心靈帶來一點點的安慰。時值深秋，樹上蔥綠的葉子逐漸染上了秋色，一陣寒風吹來，樹上的葉子也紛紛飄落在地上。

瓊西看著這樣蕭瑟的風景，希望也一點一點地喪失了，瓊西的身體狀況越來越差。有一次，瓊西的朋友蘇前來看望她，瓊西對著摯友說出了自己的心聲：「我的生命就如同這常春藤上的葉子一樣，當樹葉全部落光的時候，我也就會死

去了。」瓊西和蘇的鄰居貝爾曼是一個年過六旬的畫家，當他得知這個消息的時候，連夜用彩筆在樹梢處畫出了一片逼真的樹葉。這樣一來，無論窗外的寒風如何肆虐，這最後一片樹葉始終沒有掉落。瓊西也因為綠葉的緣故找到了生存下去的希望，奇蹟般地戰勝病魔，活了下來。

保有希望的人即便跌落深淵，也能夠生出無窮的力量支撐自己打拚下去，在面臨命運突如其來的打擊時也能夠以積極的心態去面對；而失去希望的人則沉浸在失敗中無法自拔，失去了再次打拚的動力，進而喪失了本該屬於自己的美好未來，甚至是自己的生命。

一名冷庫的工作人員在下班的時候例行檢查冷庫，走進冷庫的時候他不小心帶上了冷庫的大門，他連忙跑到門前奮力地敲門。但此時同事們都已經下班了，沒有人聽到他的呼救，他的手機也和衣服一起放在了值班室裡。他絕望地意識到，現在他的處境已經是「叫天天不應，叫地地不靈」了，也許用不了多久，自己就會被凍死。看著冷庫中彌漫的冷氣，他感到越來越冷，恍惚間他彷彿已經預見了自己的死亡。他絕望地坐在地上，默默地將自己環抱在一起，希望死亡的時刻晚一點到來。

第二天，同事們在打開冷庫大門的時候發現了倒在地上的他，他的身體已經沒有任何生命跡象了，同事連忙報警。警方驗屍的結果讓人匪夷所思，這名工作人員竟然是被凍死的，但奇怪

的是當天晚上冷庫的電源根本就沒有連接上，製冷設備也停止了工作，也就是說冷庫內的溫度已經和外界的溫度相差無幾了。

在正常的室內溫度下，為什麼這個工作人員還會被凍死呢？

其實這名工作人員並非死於外部環境的殘酷，而是死於自身希望的喪失。因為喪失了希望，所以他沉浸在即將死亡的恐懼之中，感受不到冷庫中氣溫的回升，也無法判斷自己所感受到的寒冷究竟是來源於外部環境還是心理暗示，他失去了生存的希望，所以才會死去。

當我們面臨死亡威脅的時候，比肉體先投降的往往是精神；當我們的精神被擊潰的時候，希望也就不復存在。這時我們彷彿已經看見死神的鐮刀架到了自己的脖子上，不會再有求生意識，但其實只要我們不放棄生存的希望，總能夠在危機之中發現轉機。

在生活中，我們雖然很少面臨死亡的威脅，但會時不時地遭受命運的打擊。可能我們每次鼓起勇氣、奮力打拚，都會以失敗的結果告終，但陽光總在風雨後，只要我們心中懷有希望，就能夠驅散人生中的迷霧，照亮我們前進的道路，只要我們不放棄希望，堅持走下去，那麼我們便多了一次成功的機會。當我們重新鼓起勇氣、拾起信心，努力向著自己的目標前進的時候，就連苦難也會為我們讓步。

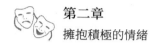
（六）貫穿於全身的情緒
—— 積極情緒之快樂

　　著名作家果戈里（Nikolai Gogol）說：「快樂，使生命得以延續。快樂，是精神和肉體的朝氣，是希望和信念，是對自己的現在和未來的信心，是一切都該如此進行的信心。」快樂，是人類最基本的一種積極情緒，也是人類一種放鬆的心理活動，能讓人由內而外地感覺到無比的舒適。

　　生活中，快樂的情緒無處不在，孩子會因為交到了新的朋友、得到了心儀的玩具而感到快樂；學生會因為攻克了一道難題、考出了一個好成績而感到快樂；戀人會因為對方的一句情話、一個牽手的動作而感到快樂；老人會因為兒孫繞膝、耍寶逗樂而感到快樂。上班的時候，我們會因為出門的時候看到柳枝抽條、鮮花盛放而感到快樂；與同事們閒聊兩句八卦，同樣能讓我們的精神得到放鬆，從而感到快樂；一天的充實工作也會讓我們感到快樂；閒暇時和關係密切的朋友看了一場高品質的電影、吃到惦記已久的美食，同樣會讓我們感到快樂。

　　快樂是一種非常純粹的情緒，也是人們不斷追求的一種情緒體驗。人們對於快樂的情緒有著高度的讚揚，如「笑一

笑，十年少」、「一笑解千愁」等俗語，無不是在強調快樂的情緒對於人們的積極影響。

芬蘭的一個科研團隊在研究情緒的時候偶然間發現人類的情緒似乎與身體的某個部位有著一定的關聯。其實情緒會影響人體的某個部分是必然的，只要我們留心觀察，就可以發現這種關聯無處不在：當我們感到害怕的時候，我們會不停地顫抖；當我們感到緊張的時候，我們會心跳加速、手腳發熱；當我們憤怒的時候，我們會不由得瞪大雙眼、咬牙切齒、握緊雙拳、面色漲紅、雙肩收緊等；當我們感到悲傷的時候，我們會情緒低落、眉眼低垂，甚至掉下眼淚。

由此可見，在不同的情緒影響下，我們的身體會做出不同的反應。科學家們為了更詳細地證實這個觀點，特意找來七百名志願者進行了嚴密的實驗。志願者們各自觀看了由科學家們挑選出來的關於不同情緒的故事、電影、圖片、詞語等，以便喚醒他們的情緒。志願者們在觀看圖片、電影等的同時，也在觀察和描述自己身體各部位的感受以及肢體反應活動的增強或減弱。

實驗涉及六種基本情緒：憤怒、恐懼、厭惡、快樂、悲傷以及驚訝。此外還有多種複合情緒，如焦慮、憂鬱、羞愧、嫉妒、驕傲、愛、鄙視、中性等。科學家們根據志願者們的描述繪製出了「人體情緒地圖」，「人體情緒地圖」顯

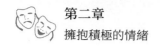
示，不同的情緒影響著人類身體的不同部位。

在情緒被喚醒的時候，人體的大腦和胸部有著明顯的變化，科學家們認為，這也許是因為情緒與人體的心率變化、面部表情變化以及呼吸頻率變化有著重要的關係。其中憤怒的情緒最容易對人的大腦產生影響；而在感到憂傷、憂鬱和絕望的時候，人體上臂的動作會受到不同程度的抑制，人體的感覺也會相應地鈍化；厭惡的感覺則直接造成人體消化系統的不適；愛的情緒體驗對人的上半身有著顯著的影響。而在這眾多的情緒中，只有快樂的情緒體驗直接貫穿了人體上下，啟動了幾乎人體全身的所有區域，這與人們快樂時會忍不住手舞足蹈、渾身上下都散發著愉悅的氣息恰好相呼應。

快樂如同一陣清風，能夠吹散籠罩在人們心頭的烏雲；快樂如同一陣潤物細無聲的微雨，能夠滋潤人們乾涸的靈魂。快樂的人總能夠發現生活中的美好，感恩命運的饋贈；而被負面情緒控制的人就很難逃脫內心的樊籠，時時處處都能感受到命運的苛責與刁難。對於同樣一件事情，快樂的人和不快樂的人會有迥然不同的觀點，快樂的人在面臨生活中的挑戰時，能夠從積極樂觀的角度去思考問題，從而提出完美的解決方案；不快樂的人卻很容易喪失堅持下去的意志，草草放棄，因而和成功擦肩而過。

快樂雖然不能夠為我們掃清前方的障礙，卻能夠讓我們

在前進的道路上走得更加順利。當我們被快樂的情緒包圍的時候，我們看待問題的態度也能夠更加積極，我們的思維也不再被緊張、焦慮、恐懼以及失望等負面情緒所局限，對現狀的理解也就更為明晰。這樣能夠極大地增強我們解決問題的信心，為我們解決問題提供強而有力的幫助。

　　快樂同時也象徵著人類身心的和諧和心理狀態的健康。人在快樂的時候，記憶力和身體的免疫力以及抵抗力都會有明顯的提升，這是因為快樂的情緒能夠對人的神經系統和內分泌系統的調節起到積極的作用，從而有利於人的身體健康以及思考、學習、記憶等活動的進行。快樂的情緒在我們的社交方面也有著明顯的幫助，試問一個面色沉鬱的陌生人和一個面帶笑容的陌生人，哪個會更受歡迎呢？無疑是後者，因為「面帶三分笑，禮數已先到」。

　　笑容代表著禮貌與善意，在人際交往的時候，父母會教育我們「逢人先帶三分笑，遇人遇事有關照」，因為人與人交往的時候有著「伸手不打笑臉人」的隱性規則，笑容不僅是社交禮儀的一種，同時也是快樂的象徵。當我們自己的情緒處於快樂的狀態時，我們和他人交往時也會在不經意之間將快樂的情緒傳染給他人。

　　當然，並非時時刻刻都是陽光燦爛的，有時候我們的人生也會突然間風雨大作、電閃雷鳴，遭遇挫折和失敗是生活

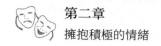
的常態，此時情緒受到影響也是無法避免的。那麼，我們如何才能夠趕走自己的負面情緒，讓快樂的情緒重新填充我們的生活呢？

首先，我們要建立樂觀積極的心態，樂觀的心態是快樂情緒的來源。

有這麼一則寓言故事：

一個國王統治著遼闊的疆土，他的臣民對他無不臣服，他的王后端莊賢淑，他的情人嫵媚嬌豔，但國王始終悶悶不樂。臣子們懷疑國王得了什麼病，但無數的名醫遠道而來為國王診治，給出的都是同一個答案：國王的身體很健康。那麼國王為什麼不快樂呢？

臣子們百思不得其解，於是向天下人尋求幫助，這時候一個舉國聞名的智者站出來說：「只要找到這世界上最快樂的人，把他的襯衫脫下來讓國王穿上，那麼國王就能夠感受到快樂，從而開心起來了。」國王聽了之後連忙下令讓人找到那個天下最快樂的人。

但是經過苦苦尋找之後，人們發現：臣子們因為擔心國家的政務，所以很難真正開心起來；美人們擔心容顏老去，失去寵愛，終日愁眉緊皺；富商們擔心賺到的金幣減少，每天忙忙碌碌，無暇讓自己快樂；智者們忙著思考人類的來源、宇宙是否有盡頭和時間是否有長短的問題，並因為這些

問題的無解而面色沉鬱；士兵們擔心完不成國王委派的任務而日夜焦慮；農夫們擔心雨水是否充沛、莊稼是否收成良好……他們都不是最快樂的人。

就在人們幾乎絕望的時候，一陣愉悅的口哨聲悠然飄到他們的耳中，這聲音宛如夏天烈日曝晒後的一陣及時雨，讓他們如同萎靡的植物得到了澆灌一樣，精神上的緊張、焦慮、恐懼、失望與疲憊都被滌蕩一空。他們朝著口哨聲的來源飛奔而去，走近之後發現，口哨聲的來源是一個十幾歲的孩子，他正躺在柴草堆上愜意地吹著口哨晒著太陽。當人們走向前想要請他脫下襯衫的時候，才發現這個少年竟然窮得連襯衫都沒有。人們只好把他帶到了國王面前。

人們都非常好奇，一個貧窮至此的少年為什麼還如此快樂呢？少年說道：

「快樂就是快樂，它就在我的心中，儘管我貧窮，但我和你們這些有地位、有財富的人一樣享受著溫暖的陽光、和煦的風、婉轉動聽的鳥鳴，這讓我感到活著是如此美好，我還有什麼理由不快樂呢？」

誠如少年所說，快樂源於內心，它是上天賦予每個人的財富，它簡單易得，卻異常寶貴，不會因為一個人地位的高低和財富的多少而增減，但一旦失去了就很難找回。世界上一切庸俗的事物都無法與它相比較。懷有積極樂觀的心態的

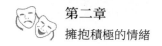
人總是能夠感到快樂，因為快樂就隱匿在我們的內心深處，卻會時不時地跳出來讓我們的生活變得更有趣味。樂觀的人未必幸運，但卻總能夠化險為夷，因為即便被苦難包圍，他們也能保持快樂的情緒，並能在危機中尋找希望，從容地面對人生中的風風雨雨。

其次，快樂來源於對自己的正確認知。想要時刻感受到快樂的情緒，還需要我們對於自己有一個正確的認知，承認自己的缺點，誠懇地接受他人的建議，努力改正缺點並且揚長避短，這樣我們才能夠讓自己更多地體驗到快樂的情緒。在遭遇挫折的時候，我們也不要一味抱怨自己和命運，而是從失敗中吸取寶貴的經驗教訓，否則挫折就只是挫折，沒有任何意義，再次遭遇同樣的挫折我們還是會碰壁。只有豐富自己的經驗，才能夠避免再一次的失敗，才能夠讓快樂的情緒更持久。

再次，快樂還來源於自己對他人的關心和無私的幫助。英國著名詩人西德尼（Philip Sidney）曾說過：「做好事是人生中唯一確實快樂的行動。」在這個世界上，我們每個人都是孤獨的個體，但正因為生活中有來自他人的一點一滴的關懷、一句貼心的問候、悲傷時無言的陪伴、摔倒時的扶持等，才讓我們的內心感受到了溫暖。

有一天，上帝帶著他的信徒參觀天堂和地獄。在地獄中，許多人正圍著一口大鍋坐著，鍋裡煮著美味的食物，人

們手裡握緊了一把大湯匙，焦急地看著鍋。因為湯匙的手柄太長了，他們無法將食物遞到自己的嘴巴裡，所以每個人都飢腸轆轆，愁眉苦臉，明明看得到卻怎麼也吃不到嘴裡。隨後，上帝帶著信徒去了天堂，天堂和地獄的背景是一樣的，都有一口煮著同樣食物的鍋和同樣的長柄湯匙，但這裡的人都面帶笑容，看上去滿足又開心。信徒不解地問道：「為什麼處在同樣的境地，地獄裡的人愁眉不展，天堂裡的人卻笑顏逐開呢？」上帝笑著說：「因為天堂裡的人都在用手裡的湯匙餵對方啊！」

這則故事告訴我們的道理就是，對他人的誠意關心和幫助足以讓我們的世界從地獄變成天堂。「贈人玫瑰，手有餘香」，當我們關心和幫助他人的時候，我們的內心也會感到快樂，這樣在我們需要幫助的時候，別人也會無私地伸出援手，快樂的情緒就能夠傳播得更遠。

同時，快樂與追求夢想是分不開的，沒有人能抗拒成功和夢想達成帶來的喜悅。古希臘有這樣一則關於尋找快樂的故事：

一群年輕人到處尋找快樂，可是快樂是無形的啊，找起來談何容易呢？所以這些年輕人不但沒找到快樂，反而給自己增添了許多煩惱。為了擺脫煩惱、找到快樂，他們拜訪了蘇格拉底，希望蘇格拉底能夠告訴他們快樂在哪裡，蘇格拉

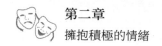

底並沒有直接回答他們的問題,而是對這些年輕人說:「你們幫我造一條船吧!」

這群年輕人果斷地答應了。他們準備好工具之後,熱火朝天地工作了起來,他們齊心協力砍伐合適的木材,把粗大的木頭鑿成獨木舟的形狀,同時做好了船槳。他們把船推到水裡之後,興奮地邀請蘇格拉底上船,一邊划著船槳,一邊齊聲高歌。蘇格拉底問道:「年輕人,你們現在感到快樂嗎?」他們齊聲回答道:「快樂,我們現在非常快樂!」蘇格拉底說:「快樂不必費心尋找,當我們為了一個明確的目標而努力奮鬥的時候,它往往會悄然降臨。」

我們為了夢想而努力奮鬥的時候,也正是我們最快樂的時候,實現夢想那一刻,我們快樂的情緒也會被推向巔峰。

最後,快樂有時候還需要我們降低對自己的要求。某些時候,我們可以將自己的期望值調得低一點,小的目標更容易達成,這樣我們產生快樂情緒的成本就會低一點,變得快樂也就容易了很多。

另外,快樂與人的興趣也有著莫大的連繫。我們可以發現很多小孩子在做自己感興趣的事情時,會格外的開心,而在做一些他們覺得興趣寥寥的事情時就總是愁眉苦臉,即便大人也是如此。每個人在做自己喜歡的事情時內心都會生出一種愉悅感,而做不喜歡的事情時,快樂的情緒就很難保

持。所以，當我們感到不快樂的時候，不妨調節一下，聽聽自己喜歡的音樂，看一場期待已久的電影，做一些感興趣的小手工，畫一幅美麗的畫，和朋友聊聊天，這些都能夠讓我們的情緒由陰轉晴，讓快樂的情緒重新滋潤我們。

還有，在接觸新奇事物的時候，我們也會感受到驚喜的情緒體驗，所以當我們情緒低落的時候，不妨做些大膽的嘗試，偶爾的破格之舉往往能給我們帶來意外之喜。

當然，快樂並不是說沒有煩惱，沒有煩惱的人生是不存在的。關鍵就在於如何解決煩惱，找到讓自己不開心的根源，快樂有時候就是那麼簡單。

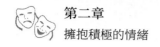
（七）禍莫大於不知足
──積極情緒之知足常樂

俗話說得好，知足者常樂。知足是人們對於現狀的自知和滿足，是處理生活狀態，使之與心理需求實現平衡的調節劑，是一種有益的健康情緒。知足同時也是中國哲學中獨有的一種智慧，「知足」一詞最早出現在老子的《道德經》中：「故知足不辱，知止不殆，可以長久」、「罪莫大於可欲，禍莫大於不知足，咎莫大於欲得。故知足之足，恆足矣」。

《增廣賢文》曾將知足總結為兩句警世名言：「知足常足，終身不辱。知止常止，終身不恥。」意思是知足的人就能常常感到滿足，不會讓暴漲的欲望壓倒理智，做出辱沒自己的行為；做事情有分寸的人就知道什麼時候該控制自己的行為，不會讓自己做出某些不恰當的行為並為此蒙受恥辱。

說到知足，不得不提起的就是欲望。欲望是所有動物的天性，是動物的一種原始本能，沒有欲望，動物就不會為了飽腹、交配、繁衍後代等生理需求而奮鬥，世界上所有的動物都將無法避免地走向滅亡。對人類來說，欲望是指人類的心理和身體想要得到滿足的一種渴望，是人類本性中產生的

想要達到某種目的的需求。欲望在人類的生存，甚至是動物的生存中都發揮不可或缺的作用。欲望沒有好壞之分，但如果我們不能夠控制好自己的欲望，那麼往往會淪為欲望的奴隸，所以關鍵還要看我們是否能夠有效控制自己的欲望。

　　欲望在我們的生活中可謂無處不在。路上騎著機車的人看到身邊疾馳而過的汽車時，會產生羨慕的情緒，因為他們也想要一輛汽車，這樣就不必每天被汽車尾氣嗆得咳嗽連連了；開著汽車的人則羨慕那些擁有更好性能的車子的人。玩著拼圖的孩子羨慕有樂高積木、遙控小汽車、遙控飛機的孩子；玩著遙控飛機的孩子則想要父母帶著他們去遊樂園。住在擁擠的合租房裡的異鄉工作者羨慕那些在城市裡擁有一間自己房子的人；買了房子的人則羨慕那些有著好幾棟房子，甚至是豪宅、別墅的人。在太陽底下做著粗活的工人羨慕那些坐在辦公室裡的上班族能夠吹冷氣，不必風吹日晒；獨居的單身男女羨慕那些甜蜜的情侶，在下班回家的時候也希望有香噴可口的飯菜等著自己……

　　這些「想要」、「羨慕」、「希望」的本質其實都是欲望，每個人的每一種行為幾乎都是在滿足自己的欲望。但有一個成語叫「慾壑難填」，人的欲望是無窮無盡的，以人類有限的時間和精力去滿足無窮無盡的欲望，無疑是一種愚蠢的行為。

在古代，民間流傳有一首〈十不足〉詩：「終日奔忙只為飢，才得有食又思衣。置下綾羅身上穿，抬頭又嫌房屋低。蓋下高樓並大廈，床前卻少美貌妻。嬌妻美妾都娶下，又慮出門沒馬騎。將錢買下高頭馬，馬前馬後少跟隨。家人招下數十個，有錢沒勢被人欺。一銓銓到知縣位，又說官小勢位卑。一攀攀到閣老位，每日思想要登基。一日南面坐天下，又想神仙來下棋。洞賓與他把棋下，又問哪是上天梯。上天梯子未做下，閻王發牌鬼來催。若非此人大限到，上到天梯還嫌低！」

古人的智慧不得讓人不嘆服，因為即便到了現在，人們依然沒能擺脫欲望的桎梏，還總是在不滿足現狀與追求更好生活的煎熬中努力奮進或苦苦掙扎，在感受到欲望被滿足的片刻欣喜之後，又很快被新的欲望控制住思想和行為，得不到片刻的喘息，連現有的美好生活也來不及好好享受。

日本神話傳說中有一個名叫惠比壽的神，他原本只是漁民所信奉的海上守護神，後來由於商業的興起，逐漸被人們當作商業神和財神。

話說，有一天惠比壽化作凡夫俗子的模樣到人間遊玩，走到一座橋邊的時候，他突然聽到一個人嘆著氣說道：「為什麼富人已經有了數不盡的錢財，卻還是想要得到更多的財富呢？如果這些富人都懂得知足的道理，每個人守著各自的

本分，那這個世界不就可以變得更好了嗎？」惠比壽一聽，覺得這話說得非常有哲理，就朝說這話的人走過去，惠比壽打算考驗一下這個人。走近了之後惠比壽才發現，說話的人是一個衣衫襤褸的乞丐，身邊還放著一個縫補多次的袋子，惠比壽上前說：「我就是傳說中的財神，剛才我聽到你說的那番話，覺得很有道理，恰好我這裡有很多的金幣，可以全部送給你。但是醜話說在前頭，要是你的袋子裝不下這些金幣，讓金幣掉在地上，那麼這些金幣就會全都變成塵土。」乞丐聽後連忙跪地道謝，隨後手忙腳亂地抓過腳邊的袋子，雙手撐開了袋口。

惠比壽口中唸著法訣，略一施法，便有數不盡的金幣如同流水一樣「嘩啦啦」地落進了乞丐破舊的袋子裡，袋子很快被裝得鼓鼓囊囊。惠比壽收了法術，說道：「差不多了吧，袋子已經快裝滿了。」乞丐的雙眼被金閃閃的錢幣映照著，眼神看上去有些狂熱，他喃喃地說：「再來點，袋子還沒有裝滿。」惠比壽又施了法術，金幣「嘩啦啦」地墜落，很快就在袋子裡堆成了一座小山。

惠比壽說：「這些應該夠了吧？你現在已經是個大財主了，這些金幣夠你花很久，繼續裝的話袋子會破掉的吧。」乞丐說道：「沒問題的，繼續裝吧！這些金幣還不夠，我還要更多！」惠比壽又繼續給他裝金幣，金幣「嘩啦啦」地落

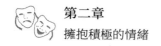

到袋子裡，將袋子撐得滿滿當當。惠比壽說道：「可以啦，再裝袋子真的要破掉了！」乞丐乞求道：「再給一枚吧！能裝下的！」

惠比壽又給他裝了一枚金幣，結果裝完之後他還想要下一枚，每次他都說是最後一枚，可是每次都會繼續討要。終於，惠比壽將最後那枚金幣放到他的袋子裡的時候，承重過多的袋子一下子撐破了，袋子裡的金幣「嘩啦啦」地跌落在地上，隨即化成了一堆塵土。最後乞丐一枚金幣也沒有得到，反倒把自己僅剩的一個袋子也給撐破了，他現在比原來更加貧窮。但他現在還想不到這些，他趴在地上雙手瘋狂地摸索著，試圖從地上找回那些金幣。此時他已經完全忘記了自己之前所說的話。

這個乞丐明明已經得到了很多金幣，卻仍然不知道滿足，顯然他小看了自己的欲望，淪落到被欲望操控的地步，最後曾經擁有的一切也都變成了一場空。而著名作家普希金（Alexander Pushkin）所寫的童話《漁夫與金魚》（*The Tale of the Fisherman and the Fish*），講述的也是同樣的故事。

漁夫救了一條會說話的金魚，金魚為了報答他，願意給他任何東西，從此之後，漁夫妻子的貪婪念頭便一發不可收拾。金魚給了她新木盆，她又想要新房子；有了新房子，她又想要做貴婦人；做了貴婦人還不夠，她還想做女王；當了

女王依然不滿足，竟然還想要成為海上的霸主，並妄想讓會說話的金魚成為她的奴僕，結果她什麼也沒有得到。

很多人像那個乞丐和貪婪的漁夫妻子一樣，嘗到了欲望滿足的一點點甜頭，便再也難以抗拒，給他們再多的東西，他們也不知道珍惜和滿足。從古至今，多少貪官污吏都是從最初的收受一點點賄賂到後來的越收越多、越貪越大，因為貪婪的欲望一旦放出來，就再也難以收回去。人心不足蛇吞象，那些貪婪無度的人最後必然會為了無盡的欲望葬送自己的前程甚至是性命，即便幡然醒悟，後悔得肝腸寸斷，卻已經沒有了回頭路可以走。這也恰好應了《紅樓夢》中的那句「身後有餘忘縮手，眼前無路想回頭」。

眾生萬物都被欲望左右，欲望和我們形影不離，那麼我們應該如何巧妙地利用欲望督促自己奮進，而不是被欲望囚禁，落得像那個乞丐和漁夫的妻子一樣的境地呢？知足無疑就是那個唯一正確的答案。懂得知足的人，能夠在無窮無盡的欲望和有限的獲取能力之間找到平衡點，調節兩者之間的矛盾，從而使自己獲得滿足感和內心的寧靜，享受現有的幸福和快樂，以更積極的情緒和心理狀態去面對生活中的挑戰。懂得滿足之人的情緒和心態是積極向上的，他們有著健康的心理，處處時時都能感受到自己是被快樂緊緊包圍著的。

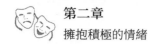
有這樣一則寓言故事：

一個小天使在送信的過程中因為太累睡了過去，當他醒過來的時候發現自己的翅膀被人偷走了，他沒有了神力，弱小的人類輕輕一推便能將他推倒在地。小天使感受到了之前從未感受到的寒冷和飢餓，他跌跌撞撞地向不遠處的村莊走去，敲響了一戶人家的大門，希望人們能夠收留他。雖然他說自己是天使，但由於他沒有了神力，也無法帶給別人禮物，所以很多人家都拒絕讓他留宿。

最後小天使來到了牧羊人溫馨整潔的木屋中，他講述了自己的遭遇，本以為自己會再次遭到拒絕，沒想到牧羊人慷慨地收留了他，給他穿上了暖和的衣服，還端來了熱氣騰騰的羊奶，讓他留宿在自己軟和的大床上。小天使為了報答牧羊人的收留，便幫他放羊，放羊之餘，心靈手巧的小天使用羊毛為自己織出了一雙潔白的翅膀，然後在牧羊人的注視下奮力振動翅膀，飛向了天堂。

沒過多久，小天使再次來到牧羊人的家裡要報答牧羊人，他讓牧羊人提要求，牧羊人撓著腦袋想了很久說：「不然你給我一百隻羊吧！」小天使雙手一揮，院子裡便憑空多出來了一百隻羊，牧羊人連忙搭羊圈、放羊。過了半個月後，牧羊人就受不了了，羊太多了，他每天放羊都累得氣喘吁吁的，於是他對小天使說：「你還是把羊收回去吧！我的

精力有限，實在養不了那麼多，因為擔心羊走失，我已經很久沒有在放羊的時候安靜地躺在草地上，看看天上的流雲、感受草原上的風了。」

小天使手一揮，一百隻羊便消失無蹤了，他看著累得癱在床上的牧羊人說：「你有什麼別的想要的嗎？」牧羊人想了想說：「不然你給我一座大房子吧！」小天使便施法將牧羊人原來的小木屋變成一座大房子，這下子房子裡能放很多東西了。可是沒過多久牧羊人便再次請求小天使收回這座大房子，牧羊人說：「原來的屋子小，我收拾起來非常方便，很快就能把整個屋子打掃乾淨。但是現在房子變大了，我每天光打掃房子就已經耗費了許多時間，鎮上馬戲團的表演和村裡的舞會我都沒時間參加了，你還是把原來的屋子還給我吧。」

小天使將房子變回原來的樣子，問道：「你還有什麼想要的嗎？」牧羊人搖搖頭說：「沒有什麼想要的，我覺得現在就很好。」小天使說：「每個人都有很多想要的東西，為什麼你沒有呢？」牧羊人笑著說道：「每次我向你祈願的時候，你都能滿足我的願望，可是每次願望滿足之後，我原來的生活節奏都會被打亂。所以說，我原來的生活已經很美好了啊，我向你祈求的東西反而變成我的累贅，讓我失去自由，無法享受生活的美好。我之所以不需要別的東西，是因為我已經擁有了世界上最寶貴的東西 —— 知足啊！」

　　知足並不是要求我們不要追求更多、更好的物質條件和精神享受，而是教我們如何緩解日益增長的物質、文化、精神需求和個人有限的時間、精力、生產力之間的矛盾，讓我們在暫時沒能滿足自己欲望的時候得到安撫，看到現有生活的美好，放緩狂奔的腳步，體會現有的幸福，不至於讓我們因為失望和求之不得的痛苦而陷入悲觀的精神狀態，這就是知足給人們最大的安慰。

　　一個年輕人時常愁眉苦臉地嘆氣，覺得自己是被命運女神拋棄的可憐蟲，絲毫找不到奮鬥的動力，靠著酒精渾渾噩噩地度過每一天。有一天，一個老人走上前問他：「年輕人，你為什麼不快樂呢？」年輕人說：「因為我非常貧窮，我是一個被命運捉弄的人。」老人說道：「怎麼會呢？你明明擁有數不盡的財富啊！」年輕人將自己的兩個空口袋翻給他看：「我明明是個身無分文的窮鬼！」

　　老人笑著問他：「如果我花一百萬元買走你的健康，讓你從此以後有很多錢能花，但是會纏綿病榻，受不得風吹雨淋，你願意賣嗎？」年輕人想了想說：「我不願意。」老人接著問道：「如果我花兩百萬元買走你的容貌，讓你變得臉上生滿疥瘡，時不時還會流出膿水，你願意嗎？」年輕人想想都直發抖，連忙說道：「我不願意。」老人繼續問道：「如果我花三百萬元買走你的智慧，讓你從此以後像傻瓜一樣，

每天不知冷熱，也不知時間早晚，還有可能被孩子追著丟石頭，你願意嗎？」年輕人趕緊搖搖頭說道：「我不願意。」

老人接著說：「如果我用四百萬元買走你的時間，讓你從風華正茂的青年直接變成老態龍鍾、腰背佝僂的老人，你願意嗎？」年輕人說道：「我不願意。」老人又問他：「那麼如果我花五百萬元買走你的生命，你願意嗎？」年輕人堅決地拒絕道：「不，我不願意！」老人追問道：「一千萬元呢？一億元呢？」年輕人說道：「你花多少錢買我也不會賣的，沒有了生命我要這麼多的錢又有什麼用呢？」老人聽完笑了笑說：「你現在已經擁有了數不盡的財富，為什麼還要說自己時運不濟、一貧如洗呢？」

年輕人聽完老人的話之後恍然大悟，原來他一直以來一味地追求物質上的財富，因為物質上的貧窮而埋怨命運的不公，沉溺在悲觀的情緒中難以自拔，卻對自己已經擁有的財富毫不自知，甚至忘記去好好利用這些財富，這簡直是太愚蠢了！年輕人抬起頭來，感激地握住了老人的手，他決定不再這樣渾渾噩噩地度日，要重新開始享受現有的生活並且努力奮鬥。

不知足的人總在苦苦追求的過程中產生無盡的煩惱，讓失望、痛苦、憂鬱等負面情緒操縱著自己，對自己的生活、工作等方面處處挑剔，感受不到幸福，也感受不到生活的樂

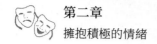
趣，讓自己原先純樸、真誠的性格也染上了浮躁、急功近利的氣息，把原本健康的心態搞得一團糟，甚至影響到自己的身體健康。

而懂得知足的人能夠客觀地認識自己，正確看待自己和他人的優缺點，既能夠看到自己的進步，也能夠看到自己的短處，時刻保持平和的心態，在物欲橫流的社會中依舊能夠堅守住自己的本心，面對誘惑始終不動搖，以謙和從容的態度去面對生活中的陽光和風雨，即便遭受挫折和磨難，也能夠泰然處之。

（八）心靈的寧靜與和平
—— 積極情緒之寬容

在儒家經典著作《論語》中記載著一段孔子和子貢的經典對話，子貢問曰：「有一言而可以終身行之者乎？」子曰：「其恕乎！己所不欲，勿施於人。」翻譯過來就是，子貢問孔子：「有沒有一個字可以作為終身奉行的原則？」孔子回答他：「那大概就是『恕』吧，自己不願意做的事情不要強加到別人身上。」

恕，即寬容。英國的百科全書對「寬容」二字做了這樣的注解：「耐心而毫無偏見地容忍與自己的觀點或公認的觀點不一致的意見。」寬容，有寬大包容、不計較、不追究的意思。

寬容是一種美好的品格，也是人類的一種非常寶貴的情感。法國著名作家雨果（Victor Hugo）說過：「世界上最寬闊的是海洋，比海洋更寬闊的是天空，比天空更寬闊的是人的胸懷。」在人與人之間的交往之中，寬容是如同潤滑劑一般的存在。有了寬容的良好品格，我們就能夠包容他人不同的意見，原諒別人的無心之失，讓彼此的相處少一些摩擦和負擔。

　　就像世界上沒有全然相同的兩片葉子，每個人的性格也是不同的，大家接受教育的水準不同、思考問題的方式不同、所處的立場不同，想法也千差萬別，在和他人交往的過程中難免會有各式各樣的摩擦，有時候我們會因為對同一件事情的不同想法而和對方爭執得面紅耳赤，甚至是大打出手。

　　在網路上，常常有熱門事件引起人們的討論。網友們各執一詞，在網路上爭論得熱火朝天，很多人本來是想向他人說明自己的觀點，說服對方，但在爭執的過程中卻逐漸演變為純粹的對錯之爭。有些網友甚至還發動了人身攻擊，忘了最初為什麼爭執。這其實就是缺乏寬容的表現，因為很多人不能容忍他人跟自己有不同的意見。但是如果仔細分析一下，其實每個人的建議都有一定的可取之處，也有一定的不可取之處。

　　長遠來說，人們爭執的目的其實是將來自己或他人在遭遇相同的境況時，能夠有更多的選擇和更好的結果，但是當針鋒相對地激烈爭執時，誰還記得自己的本心呢？一味地爭出對錯，有時候並不利於問題的解決，只有當我們以寬容的態度去對待他人，我們才能夠以一種平和的心態去認真傾聽他人的意見，了解他人的想法，這時也許我們能夠在他人的想法中獲得新的啟發和感悟，發現自己觀點中的不足，從而

完善自己的觀點，否則我們就只能夠無休止地爭吵下去，無法真正地解決問題。

在中國的歷史上，有一則「六尺巷」的美談。

清朝康熙年間，在安徽省桐城市西南一隅，兩家人 —— 吳家和張家毗鄰而居，兩家的房子都是祖上傳下來的產業，但關於宅基地的問題卻實實在在是一本爛帳。當時吳家要起房造屋，兩家因為宅基地的問題爭吵不休，都聲稱那是自己祖上留下來的產業，哪怕拚上性命也寸土不讓，甚至還將官司打到了當地的衙門。縣官一看兩家都是當地的名門望族，哪家也不好得罪，案子也不知道該怎麼判好了。

這時，張家的老夫人一氣之下寫了一封家書加急傳到了京城，遞到了文華殿大學士兼禮部尚書張英的案頭上，想讓張英幫忙解決這場官司。張英看完家書後哭笑不得，他認為鄰里之間應該和睦友愛、寬容相待，怎麼能為了些許小事傷了彼此的和氣呢？於是他寫下四句話回覆家人：「一紙書來只為牆，讓他三尺又何妨？萬里長城今猶在，不見當年秦始皇。」

家丁連忙把信送了回來，張家老夫人也是個明白事理的人，一看到張英的家書，就立即明白了其中的真意，於是主動命人將牆壁拆除，讓出了三尺空地。吳家人一看張家人的態度，又是感動又是羞愧，也主動讓出了三尺空地。就這樣，在張吳兩家的院牆之間，留出了「六尺寬」的空地供人

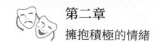

行走,「六尺巷」因此得名。當地至今還有「爭一爭,行不通;讓一讓,六尺巷」的美談。

寬容並不是懦弱無能的表現,而是一種寬廣博大的胸懷,使人能夠容忍他人的不同意見和過失,讓人與人之間的關係變得更加和睦。黎巴嫩詩人紀伯倫(Jubran Khalil Jubran)說過這樣一句名言:「一個偉大的人有兩顆心——一顆流血的心,一顆寬容的心。」在待人接物時,寬容正是能夠衡量一個人品性、修養、道德水準的度量衡。寬容地對待他人,既能夠顯示自己的氣度,又能夠恰到好處地表達對他人的尊重、友善和接納,減少人與人之間的摩擦,有利於人際關係的和諧與穩定。

「泰山不讓土壤,故能成其大;河海不擇細流,故能就其深。」當我們以寬容的心態對待他人的時候,不僅我們自己的境界會得到提升,世界也會因為我們的寬容和理解而變得充滿溫情。

寬容是一種難得的人生智慧,也是一種無聲的教育,它的力量遠比打罵教育的威力更大,更能夠讓人銘記在心。

相傳古代有一位老禪師在寺廟的庭院中散步,夕陽西下,繽紛的晚霞映照在大地上,將庭院中的花草樹木映襯得格外賞心悅目。走到牆邊的時候,老禪師突然看到牆角不起眼的地方擺著一張椅子,他一看便知道這是哪位弟子違反寺

規，跳出牆外，到花花世界裡遊玩去了。老禪師並沒有聲張，而是靜立在牆邊悄悄等候著，這一等就從暮靄沉沉的黃昏等到了星斗滿天的深夜。

突然，老禪師聽到牆外傳來了一些動靜，便靜靜地挪開椅子，徑直蹲了下去。只見一個小和尚窸窸窣窣地翻過牆，腳踩著老禪師的脊背跳進了院子中，等到他回頭拿椅子的時候，才發現剛才踩的竟然不是椅子，而是師父的背。小和尚頓時驚慌失措，連忙要開口認錯，但是讓小和尚沒有想到的是，老禪師不但沒有責怪他，反倒拍了拍他的肩膀，和顏悅色地說道：「夜裡天氣涼，趕快回禪房去吧！」

小和尚在老禪師的寬容中深受教育，從此之後他再也沒有偷溜出寺廟，而是潛心修行，多年後成了一名得道高僧。

無獨有偶，偉大的教育家、思想家陶行知在當校長的時候，就將寬容的理念巧妙地融合在了自己的教育中，他曾用寬容的理念教育過一個做錯事情的男孩子。

一天，陶行知在校園中看到一個男生正在欺負另外一個男生，陶行知連忙高聲制止了他的暴力行為，並讓這個男生到自己的辦公室裡。陶行知在了解了前因後果之後，回到自己的辦公室，那個男生正在戰戰兢兢地等著他。

陶行知從口袋中掏出了一顆糖果，遞給這個男生並說道：「這顆糖果是獎勵你的，因為你比我先到了辦公室。」

男生驚疑不定地接過了糖果，陶行知又掏出一個糖果，遞給他說：「這顆糖也是獎勵你的，因為你很尊重我，我不讓你打那名同學，你立刻就住手了。」男生低著頭接過了第二顆糖果，陶行知又掏出一顆糖果說：「這顆糖也獎勵給你，我聽同學們說你剛才之所以會打那名同學，是因為他欺負了班裡的女生，你見義勇為，非常有正義感。」男生聽到這些話後羞愧地哭了起來，他一邊哭一邊說：「校長，我知道錯了，就算同學做錯了事情，我也不應該採取暴力的方式去對待他。」

陶行知聽完笑了笑，從口袋裡掏出了第四顆糖遞給他：「你意識到了自己的錯誤，這是非常值得獎勵的行為。現在，我們的談話結束了，你快回去吧！」

陶行知先生這種別出心裁的教育方式，比批評教育或打罵教育都要有力得多。他沒有嚴詞批評，卻讓這個男生心服口服，不僅讓男生深刻地意識到了自己的錯誤，還在無形之中播下了寬容的種子，讓這個男生在以後的為人處世中，都能以寬厚的態度去包容他人、理解他人。

當我們試著以寬容的態度和他人進行交往的時候，我們就同樣能夠感受到來自他人的善意和理解。如此，我們的心靈就會多一些平靜，我們的心態就能更加積極樂觀，我們所處的世界也會因為寬容而變得更加溫暖和美好。

（九）原來我也這麼棒
—— 積極情緒之自豪

自豪是一種積極情緒，也是自我意識情緒中唯一的正性情緒。當我們的目標實現或者被他人評價為成功的時候，我們的內心會產生一種興奮的積極體驗，這就是自豪。當然，自豪這種情緒並不單單在我們本身取得成功之後才會產生，當我們所在的集體取得成就的時候，我們也會感到光榮和自豪。

小邱所在的學校舉辦春季運動會，他不是熱愛運動的人，所以他沒有報名參加任何一項運動，但有一項比賽他卻不得不參加，那就是全校所有班級之間的拔河比賽。經過全班同學的共同努力，小邱所在的班集體在全校拔河比賽中取得了第一名的好成績，身為班級的一員，小邱激動得流下了眼淚，其他同學也和他一樣熱淚盈眶，班級的所有成員都為了這次比賽的勝利而感到喜悅。

除集體和個人的成就之外，我們還會為與自己有關的人取得的優良成績而自豪。例如：三歲的小路憑藉自己的努力，將媽媽買給他用來開發智力的拼圖完整地拼了出來，媽媽看到之後抱著兒子親了一口並說道：「兒子，你真棒，媽

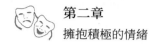
媽為你感到驕傲。」晴晴在校園詩歌朗誦大賽中取得了第一名的好成績，上臺領獎的那一刻，周晴的兩個好朋友在臺下都站起來為她鼓掌歡呼，為她取得的優異成績而與有榮焉。

自豪的情緒不僅僅來源於成績，有時候我們甚至會為解出了一道數學題、猜出了一條字謎、通關了一個小遊戲等微不足道的成功而感到自豪。因為在我們取得成功的時候，我們明確地意識到自我的精神需求得到了滿足，所以產生了愉悅的情緒。

心理學家透過研究發現，自豪的情緒對於人的身心健康有著積極的促進作用，能夠增強人體抵抗疾病的能力，有效地預防疾病的發生。自豪的情緒還對提高人的記憶力有著積極的作用。當人們產生自豪的情緒時，分析能力和長時記憶的能力都有著明顯的提高。

第三章

直面消極的情緒

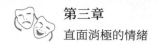
（一）敵視全世界
—— 消極情緒之憤怒

　　憤怒是我們生活中一種常見的情緒，它是原始情緒的一種，也是一種正常的生理反應。簡單來說，憤怒就是因為極度的不滿而造成的情緒激動，當人們的願望沒能夠實現，或者想要達成某個目的的行動遭受了挫折時，我們就會產生憤怒的情緒。憤怒和大腦的邊緣系統有著密切的關係，研究發現，當貓的邊緣中腦區遭受刺激的時候，牠就會憤怒，繼而出現大吼大叫甚至攻擊他人的情緒反應。

　　憤怒的情緒實際上也和人的「戰鬥或逃跑反應」這種生理機制有著密不可分的關係。當人類遭遇食物被搶奪、領地被入侵等情況時，人類就會產生憤怒的情緒。而在被憤怒情緒操控的情況下，人的力氣會大大增加。在遠古時期，憤怒曾經幫助原始人類在野外生存、與敵人對抗、面臨大自然災害等多種險境中存活下來，以至於今天我們的遺傳基因中仍舊保留了這種有利人類生存和繁衍下去的情緒。

　　憤怒的情緒不僅僅發生在人類的身上，動物也會因為求生、爭奪食物、配偶以及專屬領地等原因而憤怒。研究發現，野生麻雀被抓住之後，情緒會變得焦慮，並拒絕進食，

很快就會死亡。所以，老人們才會說麻雀「氣性大」，很難養活。

小路暑假的時候被爸爸送到鄉下爺爺家去住。有一天，小路和鄰居阿鳴哥哥在屋子裡玩，到廚房捉迷藏時，小路突然發現廚房裡不知道什麼時候飛進來一隻麻雀，正在偷吃籮筐裡的白饅頭。見到人之後，麻雀嚇得到處亂飛，可窗戶是關緊的，小路進來的時候已經把唯一的出口 —— 廚房的門也關上了，麻雀怎麼也飛不出去，到處碰壁。小路連忙叫來阿鳴哥哥幫他捉麻雀。阿鳴到倉庫裡找出一張網，小心翼翼地擠進廚房裡，三兩下就把麻雀給抓住了，還用繩子綁住了麻雀的一條腿。

小路高興極了，連忙把麻雀捧在手裡，聽著小東西急速的心跳，不由得就生出了養麻雀的心思。他問阿鳴哥哥麻雀可不可以養的時候，阿鳴笑著說：「你還是玩一會兒就把牠放了吧，這小東西脾氣很大的，也野慣了，你養不活的。」小路以為阿鳴在騙他，便說道：「你騙人，鳥怎麼會生氣呢？牠又不是人！」說罷自己轉過身去，嘟著嘴不肯理他，阿鳴說：「這麻雀還是我幫你抓的呢，我騙你幹嘛，你要是養牠，牠會不吃不喝，不是把自己氣死，就是把自己餓死。到時候你肯定得哭鼻子，我之前幫我妹妹抓的麻雀，只過了一夜就死了，不信你問你爺爺。」

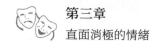

　　小路連忙跑去問爺爺，在爺爺那裡得到肯定的答案之後，小路眼含著淚解開了麻雀腿上的繩子，愛憐地摸了摸麻雀的毛，然後攤開了手。麻雀感受到了禁錮的消失，馬上從小路手中飛了出去，一轉眼就消失在天際。

　　動物的確和人一樣有著憤怒的情緒，人們一般將動物的憤怒情緒稱為緊迫反應。鳥類在憤怒的時候，會把全身的羽毛豎起來，藉此來震懾對方，這種行為被稱為「炸毛」。會做出炸毛這種行為的動物還有貓，貓在憤怒的時候也會炸毛，並且發出低吼聲。動物之所以會有炸毛的行為，是因為炸毛之後動物的體型會顯得更加魁梧，憤怒的低吼也會格外具有威脅的意味，能夠極其有效地震懾自己的對手。

　　人類表達憤怒的方式就多種多樣了，人類自出生以來就擁有了憤怒的情緒，在還是嬰兒的時候就已經無師自通地會用哭聲來表達自己的憤怒情緒了，這是印刻在基因裡的本能，當嬰兒感覺到飢餓、寒冷等不適的時候，哭泣就是他們唯一的武器。人在逐漸長大的過程中，對於憤怒的表達方式也有了多樣化的發展，不再只是單調的哭泣。有些人在憤怒的時候會大吼大叫；有些人即便怒火中燒，也只是握拳默默隱忍；有些人將憤怒的情緒宣洩於文字和音樂等藝術形式中去；還有人會採取暴力的手段發洩自己憤怒的情緒。這些都是我們表達內心不滿與憤怒的方式。

在人的社會行為中，憤怒的情緒也會在某些令我們極端反感的社會現象發生時產生，古時候的俠客和仁義之士之所以會路見不平拔刀相助，不僅僅是因為充滿正義感，還因為感同身受的憤怒，以至於他們無法對他人的悲慘遭遇無動於衷。

現代社會，人們依然會因為某些人過分的行為而備感憤怒，比如多起校園暴力事件或者一些惡性犯罪行為。行凶者令人髮指的行為引發了很多人的憤怒情緒，憤怒促使著人們密切關注事件的進展，希望為當事人搏出一個正義的結果。當然也有人沒有控制好自己憤怒的情緒，在網路上和與自己有不同意見的人惡語相向，不僅不利於事情的解決，反而造成了惡劣的影響。

不可否認的是，憤怒始終是一種富有敵意的情緒。當一個人憤怒的時候，身邊的人就會不由自主地和他保持距離，這是人們趨利避害的本能使然，因為我們無法確定一個憤怒的人下一秒是否會破口大罵，或是出手傷人。

銘銘放學回家的時候，看到爸爸正坐在沙發上低著頭抽菸，桌子底下倒著三兩個酒瓶子，地上還有玻璃碎片。爸爸一邊吞雲吐霧，嘴裡還一邊大聲嚷嚷著「為了這個家我容易嗎」之類的話。銘銘的媽媽一邊擦眼淚，一邊在廚房裡打掃，見到兒子放學回家，銘銘的媽媽立刻朝他招了招手。

　　銘銘輕手輕腳地走到媽媽面前，只聽媽媽低聲說道：「你爸爸今天心情不好，你別在他眼前晃，省得他遷怒於你。」銘銘問：「爸爸為什麼會生氣？」媽媽說：「大概是在公司裡跟別人起爭執了吧，一回家就發了一大頓脾氣，把我臭罵了一頓，還亂摔東西。你自己乖乖回房間寫作業，等飯做好了我再叫你。」銘銘聽話地點點頭，從廚房出來，貼著牆根一路小跑，溜回了自己的房間。吃飯的時候銘銘看爸爸的氣還沒消，就怯怯地低著頭，只敢吃自己面前的菜，盡量把動作幅度放到最小。

　　但即便這樣，他還是被爸爸訓了一頓：「就知道吃，成績怎麼提不上去？每次開家長會我都沒臉去，這次考試再考不出好成績，我非捧你一頓不可！」銘銘也不敢哭，眼裡含著淚水，委屈地看著媽媽，媽媽連忙把他攬到懷裡安慰起來。怒火中燒的爸爸罵完兒子還不解氣，摔了筷子罵向媽媽：「妳就知道慣著他！」說完也不管嚇得瑟瑟發抖的母子倆，轉身摔門走了出去。

　　憤怒會讓人變得極具攻擊性，憤怒情緒本身也對人們的身體健康有著嚴重的危害。仔細觀察，我們可以發現，人在憤怒的時候面部表情和行為舉止都有著明顯的變化，一般來說，憤怒的人會表現出面部發紅、呼吸加快、心跳加速、身體出汗、胃部收緊、雙拳緊握、血壓升高、咬牙切齒等狀

態。傳統醫學四大經典著作之一的《黃帝內經》中也有「怒傷肝、喜傷心、憂傷肺、思傷脾、恐傷腎」的說法。

在中醫理論中，對於情緒過度導致疾病的說法有著明確的結論：當人的情緒過度激動的時候就容易導致陰陽失調、氣血不周，從而引發身體甚至是精神上的各種疾病。很多人在氣急攻心的情況下會當場昏倒，甚至大病一場、精神失常等等。所以人們才會寫出「別人生氣我不氣，氣出病來無人替」之類凝聚著生活智慧的名句。

那麼，一味地隱忍憤怒的情緒不讓其發洩出來，是否就是正確的做法呢？答案是否定的，任何情緒都是有臨界點的，過多的情緒積壓在心裡，不僅會影響我們的心理健康，還會危害我們的身體健康。

名醫華佗就曾經利用憤怒情緒的發洩，治好了一個太守的胸悶之症。

在東漢時期，有一個太守，他總是感覺胸悶，彷彿胸膛之上壓了一塊巨石，壓得他喘不過氣來，他請了很多名醫前來診治，結果都不太理想。後來，他的家人找來了當時名滿天下的華佗給他治病。

華佗早就聽說了太守的病，他來到府中一不診脈，二不問診，還不給太守開藥方，每天待在太守的家裡吃喝玩樂，府中上下凡有不遂他心意的，華佗就怒目而視、大聲吆喝，

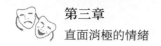
比太守還像府中的主人。就這樣一連過去了十幾天，華佗也不提給太守治病的事情，太守不得已只好派人催他，他卻每次都推脫說：「你的病情複雜，我要多做考慮才好治病。」

又過了十幾天，太守再次派人請華佗治病的時候，卻發現華佗不知道什麼時候已經離開了太守府，在華佗居住的屋子中還留著一封他寫給太守的信，在信中華佗把太守臭罵了一頓。太守一看到信中的惡言惡語，再想想華佗在府裡作威作福的樣子，頓時氣得吐血。沒想到，這口血吐出來之後，太守的胸悶之症竟然消失了。

太守頓時明白了華佗這是在「對症下藥」，太守因為各種事務的煩擾導致了胸悶氣結，但由於不懂得合理地發洩自己的情緒，所以病遲遲不好。華佗知道在這種情況下，他只能激怒太守，讓太守把胸中的鬱結之氣吐出來，所以才擺出一副江湖郎中行騙的姿態。經過這麼一番折騰，太守發洩出了怒火，胸悶之症也就不治而癒了。

憤怒的情緒只有經過合理的發洩，才能夠產生正面的、積極的作用。但生活中，很多人在憤怒的情況下，往往會做出令自己後悔的決定。之所以有太多「不願分手，男子持刀砍死女友」、「因為小事鬧矛盾，對鄰居痛下殺手」等犯罪行為見諸報端，就是因為人們不懂得如何合理地發洩自己的憤怒，才會在憤怒的驅使下做出違法犯罪的行為。

即便憤怒的情緒沒有導致違法犯罪的事件發生，胡亂發洩憤怒的情緒也會破壞人際關係，讓關心我們的人受到傷害。

有這麼一則故事：

從前有一個小男孩，他總是喜歡無緣無故地發脾氣，只要他心情不好，他周圍的親人和朋友都會因此遭殃，他也從來沒有想過要控制自己的脾氣。直到有一天，小男孩的父親給了他一大包釘子，父親對小男孩說：「孩子，老是亂發脾氣可不行，我們試著來控制一下自己的情緒吧。每當你發了一次脾氣，就釘一枚釘子在牆上。」小男孩聽從了父親的建議，所以每次發脾氣之後，他都會在牆上釘一枚釘子。

如此過了一個月之後，小男孩每次想要發脾氣的時候都會想到，自己發完脾氣之後，還要費勁往牆上釘釘子，他就會先平靜一下，讓心裡的怒火慢慢平息下去。漸漸地，小男孩能夠控制自己的情緒了，他飛快地跑到父親面前，將這個好消息告訴他。父親說：「看來你確實在控制自己的情緒，那麼從今天開始，你一天不發脾氣，就從牆上取下來一枚釘子。」

小男孩遵從父親的吩咐，幾個星期過去了，小男孩竟然一次脾氣也沒有發過，之前釘在牆上的那些釘子也被小男孩一枚枚取了下來。等到牆上所有的釘子都被取下來那天，小男孩高興極了，拉著父親讓他看自己控制情緒的成果。

父親說道：「兒子，你做得非常好，但是，你看牆上的這些釘洞。這面牆就相當於你身邊的親人和朋友，你每次發脾氣，口不擇言地傷害他人，就等於在他們的心中釘上了一枚釘子。這極大地破壞了你們之間的感情，即便你後來向他們道歉，對之前的出口傷人進行了彌補，也只是把釘子給拔掉了。釘子不在了，牆卻不能夠恢復如初，給別人造成的傷害也無法挽回。」

小男孩聽完父親的話之後十分愧疚，從那以後，他再也沒有朝他人胡亂發過脾氣。

人在憤怒的情況下，往往會喪失理性，做出衝動的行為，等到情緒平靜下來，理性的思維重新控制大腦的時候，才發現為時已晚，對他人的傷害已經造成，再怎麼彌補都無濟於事，即便後悔萬分也無力扭轉乾坤。所以，人們才需要進行情緒管理，控制自己憤怒的情緒，避免自己因為一時的怒火中燒而對他人造成傷害，甚至做出無法挽回的事情。

那麼，我們應該如何控制自己的憤怒呢？

我們首先要正確地認識憤怒。憤怒是一種十分正常的情緒，不會憤怒的人也是不存在的。明確了憤怒存在的必然性之後，我們可以透過一些有效的方法來控制自己憤怒的情緒，以免我們在憤怒的控制之下喪失理智，做出一些令自己後悔的事。

人在憤怒的時候，生理方面會有一定的預警。憤怒與正常的情緒狀態在面部表情和肢體動作上都有著明顯的不同，這能讓我們透過觀察自己的肢體動作和面部表情所發生的變化來及時察覺自己的情緒。

當我們發現自己產生了憤怒的情緒時，我們要做的就是保持頭腦的冷靜，控制好自己的行為舉止，不要放棄思考的能力，更不能放任憤怒的情緒控制自我。當我們感到憤怒的時候，首先我們要從憤怒的場景中抽離出來，轉換到一個新的環境之中，這時候我們就不至於被憤怒的情景所影響，暫時給自己的憤怒熄火。

如果我們轉換了環境卻依然非常憤怒，那麼我們就可以請求外援了。向他人傾訴、打沙袋等行為都能夠有效地幫助我們發洩憤怒的情緒。在向他人傾訴的時候，我們還能夠從他人的口中得到某些有價值的意見，從而有助於消除憤怒、解決問題。

當大腦已經回歸到理智的控制中之後，這時候我們就可以分析令我們憤怒的原因了。與此同時，我們還需要不斷地告誡自己，發洩怒火和與他人爭論，逞一時的口舌之快，並不能徹底解決問題，靜下心來思考回顧才能夠讓我們在最短的時間內想到解決問題的辦法。

控制憤怒情緒最關鍵的步驟就是解決那個讓我們憤怒的

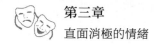
問題。任何憤怒都不是毫無緣由的，出現了問題就要解決，否則下次我們依然會因為同一個問題而產生憤怒的情緒。解決問題是徹底平息怒火的唯一有效方式，當問題得到解決的時候，我們才能夠有效地防止自己在遭遇相同的情形時情緒再次失控。

此外，我們也要盡量避免接觸那些容易讓我們憤怒的事情，這樣也能有效地避免我們出現情緒失控的狀況。

（二）生命的本能
—— 消極情緒之恐懼

故事一

　　三歲的聰聰已經和爸爸媽媽分房睡了，可是在晚上媽媽幫聰聰蓋好被子，打算離開房間的時候，聰聰還是會拉著媽媽的衣角，對媽媽說：「媽媽，妳等我睡著了再走好嗎？我有點害怕。」媽媽問他：「你的小夜燈不是從來沒有關過嗎？房間又不黑，你害怕什麼？」聰聰說：「我也不知道，就是覺得害怕，說不定會有妖怪把我抓走呢，那樣妳就再也見不到我啦！」媽媽被他的說法給逗笑了，認真地說：「兒子啊，不要胡思亂想，這世界上是沒有妖怪的。」嘴裡這麼說著，媽媽卻沒有轉身離開，而是拿起了床頭的故事書讀了起來，直到聰聰睡著了才走出房間。

故事二

　　小雨是個中學生，每次放學回家的時候她都會經過一條很長的巷子，這條巷子非常狹窄，大一點的車根本開不進來。窄巷兩邊幾乎沒有什麼人家，巷子裡的路燈還壞了，很久也沒有人去修，對比大街上的燈火通明，這黝黑的巷子讓人心生恐

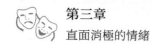
懼。每次小雨走這條窄巷回家的時候，都會忍不住加快腳步，像身後有什麼東西在追她一樣。雖然她自己也知道，身後根本沒有什麼，都是她自己在胡思亂想，但她還是會害怕。

故事三

阿廷是一名高中生，在家附近的一所高中就讀，每天上完晚自習回家的時候，別的同學都回宿舍洗澡睡覺了，他卻還要走出校門，往家裡趕。回家的路有兩條，一條大路，一條小路，大路燈火通明繞得遠，小路雖然很近，但一路上沒什麼燈。每次阿廷回家都會不辭辛苦地走大路，阿廷的爸爸經常斥責他：「能不能有點出息，男子漢大丈夫半夜走個小路有什麼好害怕的？」阿廷也壯著膽子走了一回小路，花費的時間確實短了，因為他是一路飛奔著回去的，一步都沒敢停。這種體驗實在是太糟糕了，阿廷絕對不想再經歷第二回，所以儘管爸爸總會因為他晚歸而罵他，但他還是堅持走大路回家。

在我們的生活中，恐懼是一種非常常見的情緒。當我們面臨著我們無法掌控的狀況或生命安全面臨著危險事物的威脅、企圖擺脫困境卻又無能為力時，我們就會產生一種本能的迴避反應，這種迴避反應所產生的情緒就叫做恐懼。當然，日常生活中我們很少說到恐懼，而是將這種因為擔驚受

怕而產生的強烈壓抑的情緒稱為害怕。

恐懼這種原始的情緒在動物身上也會出現。小狗在遇到比自己體型大的狗或是陌生人的時候會不停地叫，來發洩自己的恐懼情緒；貓在看到背後突然出現的東西時會嚇得整個身體彈飛起來。這都是在生命安全面臨威脅的情況下，動物產生的一種本能情緒，但人與動物的不同之處在於：人不僅僅對已知的威脅生命安全的事物產生恐懼，還會對不存在的或者說未知的事物產生恐懼。

很多孩子害怕一個人待在屋子裡，當父母將他們單獨放在一個房間裡的時候，他們就會哭鬧不止。明明孩子自己在屋子裡很安全，他們卻依然會產生恐懼。不光是孩子，有的大人在漆黑或者陰森的環境之中獨處的時候也會產生恐懼的情緒，他們往往說不清楚自己在害怕什麼，也說不清楚為什麼害怕，只是單純地感到害怕而已。

那麼，我們的恐懼究竟從何而來呢？一位英國神學家說：「許多恐懼都是來自我們對我們生活於其中的世界的不了解，來自這個世界對我們的控制。」這個世界總是有很多意外，並不是每個意外都有著驚喜的成分，更多的時候意外還代表著悲劇，所以我們才會害怕事情的發展脫離自己的預想和控制。

很多藝術家對於恐懼的力量都有著深刻的認知，蘇格蘭

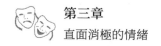
作家鮑斯威爾（James Boswell）說過：「沒有比恐懼更讓人
苦惱的情緒了；恐懼使我們痛苦不堪，並使我們在自己眼中
也可鄙到了極點。」恐懼的確是一種令人感到痛苦的情緒，
它不從肉體上折磨人，而是折磨著人的精神，甚至能夠讓人
喪失尊嚴。

　　看似鐵骨錚錚的人在面臨死亡的威脅時，也可能會放棄
尊嚴。當然，也有人悍不畏死，明知道會喪失生命，還是挺
身而出，捍衛自己的原則和尊嚴。後者之所以有著無上的勇
氣，正是因為他們掌握了控制恐懼的力量。恐懼的本能讓人
類躲避危險、生存下去，但掌握控制恐懼的力量則能夠讓人
們更有尊嚴地活著。那麼，我們應該如何控制自己的恐懼情
緒呢？

　　我們首先應該探究自己恐懼的原因，大多數情況下，人
們的恐懼都來源於對事物的不認識、不了解。人會害怕自己
每天都帶著的鑰匙、錢包和銀行卡嗎？自然是不會的，因為
我們已經非常了解這些事物，並對它們的用途瞭若指掌，就
不會因此而產生恐懼的心理。但倘若錢包、鑰匙、銀行卡無
故飄浮在半空中呢？恐懼的情緒就可能產生，因為這超出了
常理，不在我們的認知範圍之內。但假設我們所處的環境是
在太空中，那麼這些怪異的現象就都有了合理的解釋。當我
們拓寬了自己的眼界，見識了更多的事物，提升了自己對於

事物的認知能力，認清了恐懼源頭的真面目之後，我們自然就會正確對待恐懼的情緒了。

　　除此之外，我們也要提高自己的預見力，培養出堅強的意志和樂觀積極的態度，提高自身對於恐懼的免疫力，對可能發生的各種變故做好充分的思想準備和心理準備。這樣當未知的事物出現的時候，我們才能夠以更積極的態度去面對和了解這種未知的事物，才能使自己有著更好的心理承受能力，迎接未知的冒險。

　　在日常生活中，我們也需要盡可能多地磨練自己的性格、意志和承受能力，並做好應對危機的準備，將所有可能遭遇的危機在大腦中模擬一遍，並找出相應的應對措施。這樣當危機突然降臨的時候，我們就能夠有效地控制自己的情緒，避免自身受到恐懼情緒的影響，而削弱我們的思維能力和分析、解決問題的能力。

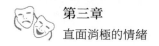
（三）情緒雙胞胎
—— 憂慮與焦慮

　　隨著社會的發展和科技的進步，人與人之間的競爭日趨激烈，人們的生存壓力也在逐步增加。日常生活中，我們常常會出現憂慮、焦慮的情緒。

　　憂慮和焦慮是兩種非常相似的情緒。在憂慮的時候，我們整個人都會情緒低落、精神緊張，看上去無精打采、倦怠乏力，由此可能導致作息混亂、學習效率下降等。

　　常言道：「人無遠慮，必有近憂。」憂，即擔憂、憂慮。憂慮是我們生活中頻繁出現的一種情緒。比如：早上起床去上班，搭公車卻遭遇塞車的時候，我們會擔憂自己會不會遲到；天氣驟然變冷或是下雨的時候，父母會擔心外出的孩子有沒有多穿件衣服，回家的路上會不會被雨淋溼；和朋友約好在某個地方見面，對方卻遲遲不來的時候，我們會擔心對方是否迷路或者遭遇了其他狀況；女孩在傳訊息給男朋友而對方遲遲不回的時候，她也會擔心對方是否出了什麼狀況或者是否是因為感情消退而冷落自己等等。這種憂慮是短暫的，雖然會暫時影響我們的心情，但整體上來說並不會對我們的正常生活造成太大的困擾。

　　焦慮與憂慮不同，焦慮讓人煩躁不安，容易被激怒，很難集中注意力，也無法專注地去完成自己的任務，從而導致工作效率下降。除此之外，焦慮還會影響人的睡眠狀況，導致失眠、多夢等狀況發生。人們焦慮的原因通常來自外部的打擊、個人的人生目標模糊、找不到前進的方向或無法實現心中的目標等。過度的憂慮長久累積，無法排解，就容易造成我們情緒的焦慮。

　　這種焦慮是正常的，它可以隨著問題的解決而消失。比如考前焦慮，有些學生在考試前夕會擔心自己考不好，即便知道自己平時有好好聽課和做練習題，但或許由於之前考場失利的影響，還是會精神緊張、坐立不安、心緒無法平靜，甚至出現頻尿、食慾差、腹瀉、頭暈、胸悶、心悸、氣短、注意力難以集中以及記憶力減退等狀況。這種焦慮會影響學生在考場上的發揮水準，導致思維阻滯、大腦一片空白、學過的知識點一點也想不起來、胡亂答題、草草交卷、逃離考場等，但考完試之後，學生的這種狀況就會大大減輕，甚至是消失，直到下次考試，焦慮的情緒再度出現。

　　與之相似的還有婚前焦慮。談戀愛的時候好好的，可是一到談婚論嫁那一步，情侶中的雙方或某一方就開始出現緊張焦慮的情緒，產生恐慌的心理，甚至出現逃婚的念頭。婚前焦慮的內容包括各個方面：家庭關係的處理、對養育下一

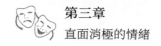

代的擔心以及對喪失自由的恐慌等。其實，出現這種焦慮的
主要原因還是個人缺乏生活經驗，對於即將展開的婚姻生活
沒有做好充分的準備。結婚之後，這種焦慮就會消失或被其
他焦慮取代。

　　在這兩種情緒之中，對人的身心健康危害較大的是焦
慮，憂慮次之。但當我們被這兩種情緒困擾的時候，大可不
必緊張，因為生活不可能總是晴空萬里的，總有烏雲密布、
風雨大作的時候。人的情緒也不可能總是積極樂觀的，在遭
遇挫折和困難的時候，我們的情緒總免不了出現消極的狀
態，這都是正常的情況。

　　憂慮和焦慮的情緒會因為我們所擔憂問題的解決而消
失。我們要做的就是從消除憂慮、焦慮的過程中吸取經驗，
避免不利於我們自身的情況再度發生，以及對未來可能出現
的困境做好充分的心理準備，這樣我們才能讓自己的生活變
得更加順心如意。

（四）坐以待斃
—— 消極情緒之絕望

故事一

　　桐桐最近急死了。前一陣她因為貪玩，請假跟著父母一塊出國旅行，結果旅行回來後發現自己隔天就要期末考。老師上課的時候她不在，圈出的重點她也全都不知道，雖然室友一大早就把考試的重點內容大致向她圈了一下，她飯都沒吃就連忙翻書看，可是這跟老師之前講過的內容一點都接不上，看了也是一知半解，根本記不住。書還沒看到一半，監考老師已經拿著卷子走進了考場，還吩咐眾人把自己的參考資料收起來。

故事二

　　桐桐還想多看幾眼，但被監考老師一把抽走了書，放在了不遠處的桌子上，桐桐發現參考書剛一合上，自己的大腦就已經一片空白。這時候坐在她前面的室友低聲問道：「看得怎麼樣？這次能考及格嗎？」桐桐欲哭無淚地說道：「不怎麼樣，我現在什麼都想不起來，對我的記憶力徹底絕望了，這次我肯定要被當了。」

　　阿樂喜歡同系的一個女孩甜甜，他跟別人打聽到了甜甜的聯絡方式，慢慢地和甜甜成了聊得來的好朋友。他為了接近甜甜，跟她報了同一個社團；看到甜甜在 IG 上傳自己的照片，他會第一時間按讚和留言；每逢過節日，他都會貼心地為甜甜送上祝福語，週末還會邀甜甜出來玩，一起吃飯。

　　阿樂從甜甜的室友那裡打聽到了甜甜的喜好，在得知甜甜下週六過生日的消息後，他提前訂好了玫瑰花、蛋糕和餐廳，打算在那天向甜甜表白。可是沒想到生日當天，甜甜挽著一個陌生男生的手臂來到了餐廳，這個男生竟然是甜甜的男朋友！得知這個消息的阿樂心如死灰，失魂落魄地走回了宿舍。他的室友知道他要表白，看他無精打采的模樣，就知道沒有成功，便隨口安慰道：「別難過，天涯何處無芳草，回頭我們再跟你介紹女朋友。」阿樂卻拒絕了，他說：「不用介紹給我了，我對愛情已經絕望了。」

故事三

　　玲玲結婚沒多久就懷了孩子，她的丈夫阿迪勸她辭掉工作，在家專心養育孩子，把賺錢養家的任務交給自己。玲玲感動於丈夫的通情達理，便採納了丈夫的建議，但這種甜蜜只維持到她生完孩子之後。玲玲發現，不知道什麼時候阿迪的脾氣變差了，動不動就要數落她兩句。玲玲打電話讓他早點回家，他還會嫌煩，罵道：「我不出去應酬，哪來的錢養家啊！」

　　喝醉酒之後阿迪還會打她，但聽到阿迪誠懇的道歉，玲玲就心軟了，並相信阿迪不會再打她的承諾。但阿迪一次次打她，又一次次道歉，玲玲終於對這段婚姻絕望了。心如死灰的她平靜地收拾好了自己的行李，留下了一份簽過名的離婚協議書給阿迪。

　　在生活中，「絕望」這個詞對我們來說並不罕見，有些人的口頭禪甚至都是「我簡直絕望了」、「我已經絕望了」等。雖然嘴上這麼說，但實際上只是暫時失望而已，抱怨之後他們還會繼續努力去做某件事。

　　很多買樂透的人在開獎之後都會說：「哎呀，看我這破運氣，絕望了，就沒那一夜暴富的命。」但抱怨完了以後呢？嘴裡說著「絕望」的人們依舊會買樂透，所以這種情緒並不能被稱為絕望。絕望是人們偶爾能夠體會到的一種情緒，一般來說，它是指我們對於某種事物完全喪失了信心。我們在做某件事情的時候，也許不能一次就成功，但失敗會讓我們產生失望的情緒，而在同一件事情上收穫的失望不斷地累積，就會讓我們的自信心隨之喪失，最終可能導致絕望。

　　「塞里格曼效應」可以說是絕望情緒產生的最直觀的例子了。1967 年，美國的心理學家塞里格曼（Martin E. P. Se-ligman）用狗做了一項經典實驗，在這個實驗中，我們可以

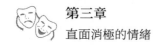
清楚地看到絕望這種極端的情緒是如何產生的。

塞里格曼把狗關在設有蜂鳴器和電擊設備的籠子裡，只要蜂鳴器一響，塞里格曼就會打開電擊設備，對狗進行難以忍受的電擊。狗在狹小的籠子裡驚恐哀叫、掙扎不止，試圖透過這種方式逃避痛苦的電擊。但很快狗就發現這並沒有什麼用，籠子中沒有任何一個地方能夠讓它躲避電擊。多次實驗之後，再聽到蜂鳴器作響的時候，狗不再到處竄動，而是趴在地上，痛苦哀叫，瑟瑟發抖。此時的狗已經在多次的受挫中產生了無助和絕望情緒，到了後來，即便塞里格曼打開了籠門，蜂鳴器再一次響起的時候，狗也沒有試圖逃出籠子，而是在電擊沒有發生的時候就倒地哀叫、顫抖不止，這就是習得性無助。人和動物在這一點上非常相似，反覆受挫之後就會產生絕望、無助的情緒，表現得被動而消極。

有很多非常貼切的詞可用來形容絕望的情緒，如心如死灰、槁木死灰、萬念俱灰等，這些詞語都是用來形容人們在某件事情上反覆受挫，精神上備受打擊，看不到希望，也沒有了從頭再來的勇氣，甚至對於其他事情也無法產生絲毫興趣，對生活失去了信心。人們絕望的情緒一般會在遭受重大打擊之後產生，如摯愛的親人離世、失業、一夜之間傾家蕩產、離婚、眾叛親離、考試失敗、遭受他人的暴力欺凌，或者得知自己患上了無法治癒的絕症等等。所以，絕望可以說

是一種理所當然的負面情緒。

人們在極度渴望卻無論如何都無法達成心中所願時，就會為此痛苦不堪，直至所有的希望都喪失殆盡。絕望情緒產生之後若無法排解，對人生造成的影響十分嚴重。

一位英國哲學家評價絕望的情緒時說道：「絕望是對無法獲取任何益處的處境的想法，其作用因人而異，有時會帶來不安或痛苦，有時會帶來平靜和懶散。」絕望的情緒若一直存在，不僅會讓我們喪失信心，還會影響我們的身體健康，甚至影響到我們的心理健康，導致我們患上憂鬱症、恐懼症等心理疾病。那麼，我們該如何排解絕望的情緒呢？

首先，我們要分析造成自己絕望情緒的源頭，判斷我們是否有習得性無助。每個人都有自己擅長的領域和不擅長的領域，俗話說「沒有種不出莊稼的土壤」，不能在科學研究方面做出貢獻的人未必沒有藝術天分，五音不全的人也許在科技領域有著過人的天賦，做不了粗活的人也許長了顆善於計算的腦袋。我們大可不必為了一時一事的成敗將自己全盤否定，多做嘗試，堅持到底總能找到適合自己的路，走向成功。

網路上曾經流傳過這樣一則勵志的漫畫：兩個人都在挖鑽石，一個人已經挖了很長一段路，也許是因為身體疲累，也許是因為他絕望了，最終他轉身離開了，儘管他和鑽石相隔不到十公分，但他放棄了。另一個人卻在持續不斷地努力

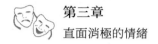

著,而堅持到底的人總有回報。

　　雖然漫畫展示的內容只有這麼多,但結局似乎可以肯定,成功的一定是堅持到底的那個人。所以當我們面臨著的身體和精神的雙重疲憊時,我們可以停下來歇一歇,但一定要堅持下去,給自己一個成功的機會,只要目的明確,道路沒有偏差,我們總能抵達成功的彼岸。當然,如果我們堅持到底依舊沒有達成所願,那麼我們至少可以安慰自己:「我們努力過了,就沒什麼好後悔的。」多一分灑脫,少一些固執,絕望的情緒就不會禁錮我們的心靈,我們的生活也會因為這份灑脫而變得更加美好。

（五）給嬰兒吃檸檬
—— 消極情緒之厭惡

　　生活中，我們常常能聽到人們說的與厭惡情緒相關的抱怨之言，比如：挑食的孩子在看到父母往自己碗裡夾了不喜歡吃的菜時，會說：「我討厭吃青菜！」女孩被不喜歡的人追著死纏爛打的時候，會說：「我討厭你，你不要再纏著我不放了。」追星族在電視劇裡看到和自己偶像有過節的明星也在偶像的劇中出演角色時，會抱怨道：「真討厭，怎麼他也來演這個劇啊，搞得我都沒心思看下去了！」

　　厭惡對我們來說，並不是一種陌生的情緒。我們自己也總是會對某事某物產生厭煩感。早上的塞車、出遊時遭遇的滂沱大雨、想睡覺時鄰居家無休無止的裝修雜訊等，都會讓我們的好情緒瞬間消失得無影無蹤，取而代之的則是煩躁、厭惡等負面情緒。

　　那麼，我們的厭惡感到底從何而來呢？為什麼有些人討厭香菜、韭菜、花椒、茴香、蒜等有著特殊味道的食物？為什麼有些人天生討厭貓、狗等動物？難道僅僅是因為聽到某種聲音、看到某個物體或者遇到某件事，就能夠讓我們產生厭惡感嗎？心理學家經過研究發現，厭惡是人類的本能。

　　網路上曾經流傳一段給嬰兒品嘗新鮮檸檬片的影片，嬰兒在初次嘗到檸檬的味道時，立即被酸得五官皺成一團，並且面對再度餵過來的檸檬有著明顯的迴避動作。另外，當嬰兒生病的時候，父母會將藥片碾碎了兌著溫水給嬰兒喝，而平時對喝水或牛奶毫不抗拒的嬰兒在喝藥的時候卻會表現出明顯的拒絕行為，哭鬧不休。

　　厭惡情緒的出現與人的自我保護行為有關。嬰兒不具備辨別食物好壞的能力，對他們來說，母親的乳汁、牛奶等帶著香味的食物就是有營養的，可以吃的食物；而對於其他味道的食物，如酸、辣、苦等口感的食物，嬰兒不知道它們是否會對自己的生命造成威脅，所以會本能地產生厭惡情緒，並做出迴避和遠離行為，這正是出於人類自我保護的本能。

　　但隨著自身的成長，人們具備了一定的知識和常識，厭惡情緒也逐漸有了明確的指向性。但這時決定我們產生厭惡情緒的關鍵因素還是自我保護的本能，對於那些可能對自身安全造成威脅的事物或人，我們依舊會本能地厭惡。比如：大多數人都討厭蟑螂、蚊子、蒼蠅、老鼠等動物，因為牠們會傳播疾病；有些人也會厭惡貓、狗等可以當作寵物飼養的動物，因為牠們也具備了傷害人類的能力，且有著不可控的特性；我們同樣會厭惡生活中存在的欺凌、暴力以及犯罪行為，因為這些暴力和傷害極有可能在我們無法預料的某個時

刻加諸到自己身上。這些厭惡的情緒都是基於自我保護的目的而產生的。雖然厭惡是一種令人很難愉快起來的情緒，但它卻能夠為我們的生存和趨利避害提供幫助。

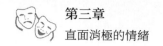
（六）矛盾的綜合體
── 自大與自卑

　　阿源是一個心地善良的人，別人遇到困難向他尋求幫助的時候，他總是樂於伸出援手；但與此同時，他也是一個非常自卑的人，可能是由於家庭條件不太好，他非常介意這一點，並時常覺得自己低人一等。和別人交談的時候，他顯得趑趄、囁嚅，從來不敢大聲講話，別人跟他交談時，總要湊近了讓他重複一兩遍，才能聽清楚。有些事情非要等到別人問到他，他才會說，不問的話，即便他自己知道也不出聲。平時他也盡量淡化自己的存在感。

　　在工作上遇到了什麼難題，阿源也表現出明顯的畏懼和退縮，看上去十分懦弱，沒什麼擔當的樣子。但有些時候阿源卻又表現得過分自信，甚至有點鑽牛角尖。比如在公司裡，幾個同事聚在一起說了什麼話並齊聲笑了起來，當他走近的時候同事們已經開始了另一個話題，他就會覺得同事們剛剛是談論了關於他的話題，並認為自己被嘲笑了，即便有人跟他說出真相，他也不肯相信，而是堅信自己的判斷。同事們都感覺和他交流是一件非常費力的事情，因為需要時時刻刻照顧到他的情緒，指不定哪句話就會傷害到他脆弱的自尊心。

由於得失心過重，阿源的情緒也比其他人更消極，同事們經常能夠聽到他傾訴自己的負面情緒，可是大家都不太善於安慰他，有些勸慰他的人還會被他用一句「你又不是我，你知道什麼」給酸回來。別人善意的意見他也不願意坦然接納，遇到不懂的地方他會裝作自己很懂的樣子，但那只是他不想在別人面前露怯而撒謊。同事們在和他交往了一段時間之後，紛紛疏遠了他。

關於自卑的情緒，法國作家安德烈·莫洛亞（André Maurois）說過這樣的話：「男人，女人，甚至最驕傲的人都有某種『自卑感』。漂亮的人懷疑自己的智慧，強而有力的人懷疑自己的魅力。」自卑的確是困擾著很多人的難題，也是很多心理問題產生的根源。

自卑是一種不能自助的、軟弱的情緒，自卑的人不能正視自己，並且輕視自己，認為自己的成長環境、能力以及天賦等都不如別人。在心理學上，自卑特指由於與某種標準或者刺激源進行比較，並產生了差距，導致情緒低落、自怨自艾、悲傷等消極情緒的心理狀態。一般來說，標準有顏值、身高、身材、考試分數、財產收入等。比如：考試分數及格線為 60 分，如果我們的分數沒有達到這個標準，我們就會產生自卑的情緒。

刺激源則指的是一些非標準的、比自己優秀的參考對

象，如別人家的孩子、成績優異的同桌、收入優渥的朋友等。當我們得知這些參考對象有多麼優秀的時候，我們會下意識地將其與自己進行比較，一比較就產生了較大的落差，這樣一來我們就會產生一種慚愧、羞恥和悲傷的負面情緒。簡而言之就是拿自己的短處去跟其他人的長處相比，如和電影明星比漂亮，和健美達人比身材，和科學家比智商，和世界首富比財富等等。這樣的比較結果顯而易見，就會帶來自卑。

奧地利心理學家阿德勒認為，人在兒童時期就已經產生了自卑的情緒，他指出：「一切人在開始生活的時候，都具有自卑感，因為兒童的生存要完全依賴成年人。兒童與那些所依賴的強壯的成年人相比會感到極其無能。這種虛弱、無能、自卑的情感激起兒童追求力量的強烈願望，從而克服自卑感。」孩子在年少時期都曾有過這樣的想法：「我要是和爸爸一樣強壯就好了。」這種羨慕的背後其實也隱藏著自卑的情緒，孩子渴望變強，看不上當時那個柔弱的自己，自然也難以發現自身的優點。

自大則是過度高估自己，覺得自己高他人一等，誰也看不起，眼裡只有自己的優點，卻看不到自己的缺點，甚至在別人提出友善的建議時惱羞成怒。有的時候，自大和自卑這兩種情緒又交替出現，讓我們的情緒劇烈波動又異常低落。

　　日本作家村上春樹的一句話貼切地道出了人的自卑與自大：「少年時代的我始終為此有些自卑，覺得在這個世界上自己可謂特殊存在，別人理直氣壯地擁有的東西自己卻沒有。」很多人都有這樣的體會，有時候會覺得自己一無是處，什麼都比不上別人，而有的時候卻異常自負，看不起周圍的人，感覺其他人都比不上自己，這看似很矛盾，實則不然。

　　荷蘭哲學家史賓諾沙（Baruch Spinoza）說過：「自卑雖是與驕傲相反，但實際卻與驕傲最為接近，最大的驕傲與最大的自卑都表示心靈的最軟弱無力。」也就是說，自卑和自大其實是一回事兒，兩者往往相伴而生，只不過表現的方式不同而已。

　　一個人之所以自大，不是因為他相信自己比任何人都強，而是因為他內心真實存在的、無法忽視的自卑感，這是更深層次的自卑。有時候甚至自大者本人都難以察覺，但為了掩飾自己的這種自卑，他會表現得非常自大，好像自己沒什麼做不到的事情，也不會有自卑那種情緒。因為怕被別人看不起和拒絕，所以他會率先拒絕其他人，而對於自己缺少的東西加以偽裝，大肆炫耀。

　　琳琳是一個不太討人喜歡的女孩，她看上去熱情洋溢，但只要和她交談過的人幾乎都對她敬而遠之，因為無論別人

談論的話題是什麼，她總能弄出濃郁的「炫耀」風。比如，一個女生說：「過生日的時候，閨蜜送給我一面銅鏡，帶一把配套小梳子，看上去有點像古代人用的那種。」別的女生可能會好奇想要看一看那面鏡子，琳琳則會說：「妳這算什麼，我同學從俄羅斯帶了一面進口的鏡子給我，上面的娃娃還自帶眨眼效果，國內有錢都買不到。」結果週末逛街時，其他女生就在十元商店裡看到了那據說「有錢都買不到」的娃娃眨眼鏡子。

不論別人說什麼，琳琳都是「你這有什麼，你不知道我……」地滿口亂吹，總要把話題引到她與別人相比較而產生的優越性上才算完，享受別人將她當作話題中心的感覺。其實，這正是她自卑的表現。

由於青春期時父母經常在外工作，琳琳長期缺乏家人的關心和照顧，父母的嚴重忽略導致她缺失安全感並產生嚴重的自卑情緒。正是為了彌補這種被人忽略的缺憾，她努力將自己變為話題中心，從別人的關注中獲得安慰，以彌補自己曾經的心靈創傷。但這並不是解決問題的辦法，盲目的自大不僅讓她周圍的朋友離她而去，也讓她自我感覺良好的錯誤判斷消失無蹤，以至於她再度陷入新一輪的自卑中無法自拔。只有正視自己的長處和短處，勇敢面對自己身上的弱點，才能夠真正避免自卑和自大情緒的惡性循環。

　　自卑的情緒不僅會導致我們的人際關係惡化，還會讓我們無法正視自己的優點和長處，長期處於自我否定和厭惡、排斥其他事物的狀態中，妨礙我們正常的工作、學習和人際交往，導致我們對生活失去希望，消極度日，悲觀厭世，嚴重的甚至會讓人出現輕生的念頭和輕生的行為，不利於我們自身的進步和發展。但自卑情緒也並非全無益處，至少它能夠讓我們了解到自身的缺點和不足，為我們彌補自己的不足提供強而有力的推進作用。

　　我們該如何克服自卑情緒呢？第一，要正確地認識自己，正視自己的優缺點，不過分驕傲，也不妄自菲薄，更多地去發現自己的長處，樹立自信心。在遭遇挫折的時候，我們要做到正確歸因，而不是簡單地認為自己就是不行，比不上他人，要給自己積極的心理暗示，增強自己戰勝挫折的信心。在找到失敗的原因之後，我們要重新制定解決問題的方案，不斷地進行嘗試，而不是因為一次失敗就從此放開手。在成功之後我們也要給自己適當的鼓勵，增強自己的自信心。

　　第二，要少做不切實際的比較。俗話說「人比人，氣死人」，生活中我們免不了會和別人做對比，但在做對比的時候，我們要選擇有可比性的參照對象做對比，而不是找與自己差距過大的人做對比，更不能拿自己的短處去和他人的長處做對比，否則只會得到失望和受傷的結果。

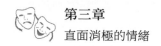
（七）舉杯邀明月
—— 消極情緒之孤獨

關於孤獨，中國現代著名文學家林語堂曾說過這樣一段話：「孤獨這兩個字拆開來看，有孩童，有瓜果，有小犬，有蚊蠅，足以撐起一個盛夏傍晚間的巷子口，人情味十足。稚兒擎瓜柳棚下，細犬逐蝶窄巷中，人間繁華多笑語，惟我空餘兩鬢風。孩童水果貓狗飛蠅當然熱鬧，都和你無關，這就叫孤獨。」孤獨對我們來說並不是一種陌生的情緒，日常生活中我們常常能夠體會到孤獨感。

故事一

小凌早上出門的時候不小心把杯子打翻在地，杯子裡的水濺出來，在地板上留下一攤水跡，但小凌著急去上班，沒有來得及把杯子撿起來。忙碌了一天，疲憊不堪的小凌終於在華燈初上的時候提著路邊買的簡餐回到家裡。小凌抬起頭看到整棟樓都燈火通明，空氣中飄來濃郁的飯菜香味，只有她住的那間屋子一片漆黑。她拿出鑰匙打開家門，開燈的那一瞬間看到早上打翻的那個杯子依舊孤零零地倒在地上，她突然感到無比的孤獨。

故事二

　　小瑾是一個 30 多歲的單身女子，她的父母為了她的婚姻操碎了心，託親朋好友為她尋覓了很多適齡的男性朋友，但每次相親結果都不是很理想。又一次相親失敗後，她的父母忍不住問她：「妳挑挑揀揀這麼久，到底想要找什麼樣的人啊？」小瑾說：「我也不是非要找條件特別好的，就是至少要有能聊得來的話題，我說個笑話，他能明白我什麼意思，而不是一臉茫然地看著我，就我一個人在那傻笑。想想我要是真和一個沒有共同話題的人過一輩子，那該多孤獨、多可憐啊！」

故事三

　　小野國慶日想要出去旅行，但又不想一個人玩，就打算和自己的幾個好兄弟聯絡一下。但想到這些兄弟們已經陸陸續續結了婚，也都有了孩子，他不確定自己能不能找到同伴，忐忑著打電話聯絡了一輪，結果恰如他所預料的，這些兄弟們不是要和老婆孩子一塊出去玩，就是要陪老婆回娘家。小野頓時有些灰心喪氣，放棄了找人陪的念頭，自己查了旅行攻略，就帶好行李出發了。

　　小野一個人在陌生城市的酒吧看了場心儀已久的演出，一個人看了風景區正當時的美景，一個人享用當地有名的美食。面對好吃的、好玩的，當想要分享時，小野卻發現身邊

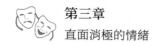

都是陌生人，也不知道該分享給誰，只好在 IG 上傳了旅行照片。一個朋友評論道：「這麼多張照片，怎麼每一張都看不見你人影？」小野翻了翻相簿，裡面三四百張照片全部是風景照，旅途中連個給他拍照的人都沒有，他自己也沒心情自拍。每次看到成群結隊的旅行者嘻嘻哈哈地從自己身邊走過，他都會感到一種難言的孤獨。

孤獨是指一個人隻身獨處、孤單寂寞、孤立無助的狀態。關於孤獨的成語有很多，如孤掌難鳴、孤芳自賞、孤苦伶仃、孤家寡人、孤苦無依、孤立無援等。在古代，皇帝曾經用「孤」自稱，因為皇帝所處的地位之高是其他人難以企及的。但高處不勝寒，既然沒有人能達到皇帝的高度，也就沒有人能夠理解皇帝心中的孤獨和寂寞，所以歷代皇帝都認為自己是孤家寡人。

古代的文人墨客們表達孤獨情緒的詩句更是數不勝數：大詩人李白有「舉杯邀明月，對影成三人」的孤獨；杜甫有「親朋無一字，老病有孤舟」的孤獨；王維有「獨在異鄉為異客，每逢佳節倍思親」的孤獨。這種孤獨的情緒無法排遣，詩人就將它寫了下來，直到今天，很多孤獨的人還能在這些流傳下來的千古名句中找到情感的共鳴。

那麼我們不由得會產生疑問，人為什麼會感到孤獨？孤獨的情緒又是怎樣產生的呢？

　　從心理學的角度來說，人類從原始社會以來就是群居動物，對群體有著強烈的依賴感和歸屬感，只有在群體之中才能覺得安全和溫暖。即便到了現代社會也是如此，絕大多數人都喜歡和他人待在一起，做什麼事情也總希望能夠有人陪著。

　　比如：在學生時代，無論男生女生，做事情時總喜歡有人陪伴：去校園的福利社買東西的時候會在班上問一下有沒有人要一起去；去廁所的時候女生會拉著關係較好的朋友一塊去；男生會叫上兄弟一起去打籃球；學校舉辦晚會的時候，勇氣不足的學生會央求好朋友和自己一起上臺表演節目；女生外出逛街的時候也總要有人同行。

　　這些都是人們內心習慣抱團取暖、不習慣獨來獨往的緣故。而一個人一旦被集體排斥的時候，他的內心就會生出極大的恐慌，像是失群的孤雁，沒有可依賴的集體，也就沒有安全感和歸屬感，進而產生悲傷、失落、恐懼和孤獨的情緒。

　　通常情況下，人們認為老年人會更加孤獨，因為他們的兒女逐漸長大，離開他們成立了自己的小家庭。而年輕人則很少感到孤獨，因為他們要忙於工作、戀愛和維持人際關係，閒暇時網路上還有各式各樣的遊戲和影片讓他們消磨過剩的精力，現實生活中也有著各種聚餐、派對、演出、旅行等娛樂項目讓他們充實自己的生活。其實，當今很多年輕人產生孤獨情緒的頻率遠遠高於老年人。

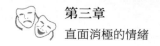
　　英國的精神健康基金會曾經做過一項關於孤獨情緒的調查，調查的結果顯示，現代社會感覺孤獨的年輕人所占的比例遠遠高於老年人。其中 18 ～ 34 歲的人，感到孤獨的比例最高。

　　科技的進步與發展讓人們的生活變得更加便利，各種智慧型產品和交友軟體看似將人與人之間的距離拉得很近，實則卻在人與人之間豎起了一道難以逾越的屏障。年輕人作為各種智慧產品的長期使用者，能最先感受到科技帶來的便捷，以前需要面對面交談的事情，現在一條語音、一封簡訊就可以做到，朋友之間的交往也從你來我往的面對面交談變成了社群軟體的相互按讚。但離開網路回歸到現實生活中，很多人仍然是孤身一人，待在自己的小天地裡，過著或艱難或乏味的生活。嘗試過網路上的精采紛呈和熱鬧，再回歸到現實生活中，體會到的更多的便是單調、平庸、空虛和無聊，兩相對比之下就形成了強烈的落差，此時孤獨感也油然而生了。

　　美國社會學家羅伯特・斯圖爾特・魏斯（Robert S. Weiss）經過觀察和分析發現，人的六種社會性需求在沒有得到滿足的時候就會產生孤獨的感覺。這六種社會性需求分別是：依戀、社會融合、教育、價值保證、可靠的同盟感以及在壓力環境下得到的幫助。

依戀是根據英國精神病學家約翰・鮑比（John Bowlby）的依戀理論提出的。很多孩子在小的時候除了媽媽、奶奶及其他經常抱著他的人，基本上不願意被其他人抱，這是因為他們對以母親為主的家人產生了依戀，認為只有在母親身邊才是安全的，和母親待在一塊的時候他們才敢對周邊的環境進行探索。如果被帶到一個全然陌生的環境中，他們一般不願意離開母親身旁，而當母親要離開的時候，他們也會表現出焦慮的情緒，甚至大哭大鬧，不願意和母親分離。這便是依戀。

長大之後，雖然大部分人不像幼兒時期那樣依戀母親，但這種依戀心理並沒有消失，而是轉移到了其他人身上，如我們身邊朝夕相伴的好友、親密無間的戀人等。一旦我們所依戀的對象和我們分離，我們的內心就會產生一種苦悶、惆悵、悲傷、孤獨的消極情緒。

社會融合其實就是指我們在進入一個新的環境時，與這個環境以及環境中的人相處的狀況。有些人 EQ 高，人際交往方面如魚得水，擅長融入新環境，很快就能和其他人打成一片；有些人卻不善此道，會因為不適應新環境而減少社交行為，不願意接納新朋友，他們往往在日常生活中也少有人陪伴，心情煩悶的時候也缺少別人的勸慰，孤獨的情緒便會越積越多，而當他們被其他人排斥或針對的時候，他們的內

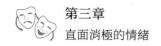
心會更加委屈和憤怒，這種委屈和憤怒因無從排解，他們又無力改變現狀，便只會更加孤獨。

除此之外，自身所接受的教育，也會影響人們對於孤獨感的體驗。網路上曾經流傳這樣一則笑話：

一個記者去貧困山區採訪一個衣衫襤褸的牧羊童，記者問孩子：「你為什麼要放羊啊？」

孩子有些羞赧地說：「為了賺錢娶老婆。」記者接著問：「為什麼想要娶老婆呢？」孩子說：「當然是為了生寶寶呀！」

記者問他：「那將來生了寶寶，讓寶寶做什麼呢？」孩子一副理所當然的樣子說道：「放羊啊！」

笑話的背後反映出的正是教育缺乏的可悲，當我們學了更多的文化知識之後，起碼能夠知道在這個世界上，我們還有著更多的選擇，我們還可以讓生命活出不一樣的風采。

但是，如同有人笑稱的那樣，「無知也是一種幸福」。有時候，你知道得越多，思考得越多，煩心事也會越多。俗話說「人生識字孤獨始」，當我們接受教育、學習了科學知識之後，我們的思想會變得比目不識丁的時候要複雜，考慮的問題也會變多。

叔本華說過：「孤獨向來是精神卓越者的命運。」這也就代表著眼界開闊、思想活躍的同時，我們會面臨曲高和寡

的狀況，會因為學習了更多的知識，有了更深的感悟而感受到更深層的孤獨。

人是需要不斷被肯定的，當我們完成一件事情，得到他人的肯定和鼓勵的時候，我們的自信心就會增強，我們戰勝困難的勇氣也會因此增加。但是如果我們一直處於被否定的狀態，得不到他人的認可，找不到自己存在的價值，我們就會因此而產生痛苦和孤獨的情緒。

可靠的同盟感任何時候都是必需的。網路上曾有這樣一句流行語：「不怕神一樣的對手，就怕豬一樣的隊友。」其實遇見「豬隊友」倒不會讓我們產生孤獨的情緒，孤軍奮戰、孤立無援的狀況才會讓我們陷入孤獨中，因為這個時候我們可以說是在以微弱之力對抗「全世界」，在不被人理解和支援的情況下，我們的孤獨情緒自然會不斷累積。

我們在遇到困難的時候，最希望的事情，無疑就是能有好心人伸出援手，幫我們一把。但如果所有人對於我們所遭受的苦難都冷眼旁觀、無動於衷，甚至冷漠地拒絕了我們的求助，這時候我們就會感到前所未有的無助和孤獨。

關於孤獨產生的原因，除羅伯特・斯圖爾特・魏斯的這六種社會性需求沒有得到滿足之外，還有其他幾種情況。

1. 無法與他人保持適當的距離

任何一段關係都是由疏遠到親近、由陌生到熟悉的，有

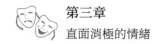
些人性格開朗活潑，有些人卻是典型的慢熱。我們和不同性格的人交往的時候需要注意交往的進度和方式。有些人之所以很難經營好自己的人際關係，就是因為沒有把握好彼此之間的距離和交往的分寸，對泛泛之交推心置腹，對多年相伴的好友卻設下重重心防，不能夠和其他人建立良性的相互信賴的關係，所以他們才會產生孤獨的情緒。

2. 情感的缺乏和過度溺愛

　　由於父母不關心孩子，或者不懂得如何合理地表達自己對孩子的愛，導致孩子沒能夠在成長的過程中構建出獨立的「自我」，致使他們情感缺乏、不自信、隨時需要別人的誇獎和肯定，所以他們才會經常感到自己不被任何人喜歡，缺乏安全感，容易產生孤獨情緒。也有些家長溺愛孩子，不管孩子要什麼都無條件地滿足，導致孩子習慣向別人索求，而不習慣回報或者付出。而且這種索求也不是適度的，在孩子的潛意識中，他們已經認定別人對他們的關心、疼愛和幫助是理所當然的，他們不會因為麻煩了別人而感到抱歉，也不會因為別人無私的幫助而感激。當付出得不到回報，甚至連一句感謝的話語都換不來的時候，人們會自覺地拒絕和遠離索求者，這個時候，索求者便會感到孤獨。

3. 自戀過度

　　自戀過度，或者說自負的人在遭遇困難和挫折的時候，從來不會在自己身上找原因。他們總是認為，自己之所以會失敗，是因為其他人沒有盡心盡力，自己永遠都是正確的。這樣的人很難被其他人喜歡和理解，所以他們也容易產生孤獨的情緒。

　　孤獨本身雖然不是一種疾病，但是它會引發其他心理和生理疾病，影響我們的身心健康。安托萬·德·聖─修伯里（Antoine de Saint-Exupéry）在《小王子》中寫道：「愛是戰勝孤獨的最好的利器。」中國學者周國平也說過：「孤獨是人的宿命，愛和友誼不能把它根除，但可以將它撫慰。」所以當我們感到孤獨的時候，也許就是我們該和身邊的朋友聯絡感情的時候了，我們需要親人和朋友的陪伴，需要將孤獨的情緒分享給願意聆聽的人，更需要給自己的心靈之舟尋找一個可以停泊和依靠的港灣。當我們對他人敞開心扉的時候，我們會從他人的關心和理解中得到撫慰，樂觀的情緒終歸會打敗孤獨，能讓我們以積極的姿態重新踏上人生的旅途。

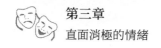
（八）精神上的癱瘓
—— 消極情緒之消沉

　　小劉最近和自己的女朋友分手了，做什麼事情都是無精打采的。幾個人出去聚餐，每次他都一個人坐在角落裡，埋頭喝酒吃菜，什麼也不說，平時的活寶突然變成了個悶葫蘆，朋友們都很擔心他。和他關係最好的老趙勸他說：「小劉啊，分就分了吧，這麼放在心裡也不合適啊！天涯何處無芳草，大不了我們再替你介紹一個對象，還不行嗎？你老是這麼消沉，我們這邊心裡也不好受啊！」

　　大張附和道：「對呀，分個手算什麼。前兩天我那職業證照考試成績下來了，還是不及格，你看我從畢業考到現在，考了多少次了都沒過，我不也挺樂觀的嘛！你看，老趙剛在公司被老闆劈頭蓋臉訓了一頓，垂頭喪氣了一整天，晚上好不容易出來聚聚，還是笑嘻嘻的。說到底，我們遭遇的痛苦是一樣的，我的考試成績被閱卷老師否定了，老趙的工作成果被他的老闆否定了，你是一腔深情被前女友否定了。這感情上的挫折啊，你就不能太在意，喝點酒，睡一覺，把她忘了，就什麼煩惱都沒了。」

小劉悶了一口酒說道：「不一樣的，她和我分手不僅是否定我的感情，她還否定了我的全部。我外貌條件又不差、性格也好、工作穩定、定時健身、注意個人衛生、家庭關係良好，可是這些優點在她眼裡全都不值一提，我努力讓自己變得優秀，但又有什麼用呢？」說完小劉又悶頭喝起了酒，朋友們你看看我，我看看你，誰也說不出勸慰的話了。

消沉是一種負面情緒，通常是指人在遭受重大挫折或打擊的時候出現的一種情緒低落、精神萎靡不振、頹廢沮喪、心灰意冷的消極悲觀的狀態。一般來說，人在生活不順心的時候最容易出現消沉的情緒。生活中，容易出現消沉狀態的情況分為以下幾種。

1. 盲目的、不切實際的目標沒有實現

成績中等的高中生給自己設定國立頂大的目標，在備考過程中非常吃力，最終離自己的目標還差好大一截，導致情緒低落、消沉萎靡，做什麼事情都提不起精神。很明顯，這就是因為預定的目標脫離了現實，沒有準確地估計自己的能力，也沒能找到正確方法付出努力，更沒有考慮到現實生活中的變數和複雜性。當我們不能夠根據現實的狀況隨機調整自己的目標和努力程度時，往往會讓自己的希望落空，並從失敗的經歷中滋生出消沉、低落的負面情緒。

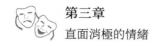
2. 意志薄弱，經不起挫折和打擊

什麼樣的人最容易消沉呢？很明顯就是意志力薄弱、心理承受能力差的人。這種人的生活如果一帆風順還好，但只要受到一點點小挫折，就會垂頭喪氣、怨天尤人，覺得整個世界都在和他們作對，甚至抱怨社會的各種不公，覺得自己的一生都是個悲劇，做什麼事情都不順利，整天沉浸在自己的失敗中無法自拔，對於做其他事情也沒有了信心和嘗試的動力。

3. 被錯誤的世界觀、價值觀影響

一些青少年由於看了有著錯誤價值觀和世界觀的作品或者受到三觀扭曲的人的影響，也會導致自己的個人情緒出現消沉和低落，認為自己已經看透了人生的假象，所謂夢想、前途不過如此，從而喪失了自己的信念與抱負，整日不思進取，最終選擇以頹廢、沮喪的態度渾渾噩噩度日。

4. 遭受重大挫折和打擊

消沉的情緒往往出現在我們遭遇挫折的時候。當我們的人生遭遇了重大的打擊，如親人離世、學測落榜、家財散盡、從權力的巔峰跌落等，我們就會產生消沉的情緒。面對這些挫折，有些人能夠很快地調整自身的狀態，以全新的面貌面對生活；有些人在遭受打擊之後則會變得一蹶不振，很

難鼓起勇氣重新開始，以悲觀、消極的態度對待自己的學習、工作和生活。

常言道：「世上不如意之事十之八九。」在人生的旅途中，我們難免會遇到多種多樣的挫折和煩惱，備受打擊之餘，我們的情緒自然會低落、消沉。這些負面情緒不僅會打擊我們對生活的熱情，還會降低我們工作和學習的效率，甚至會影響我們與他人之間的人際交往，造成人際關係緊張的局面。那麼我們應該如何擺脫消沉的情緒，重新做一個積極樂觀的人呢？

首先需要做的就是控制自己的情緒，做情緒的主人。在被消沉情緒包圍的時候，我們需要對自己的情緒和心理狀態有一個正確的認識，明白自己的處境，理解自己因為情緒消沉而做出的某些反常行為，不要因為自己出格的行為舉止而過分內疚，並堅信自己遲早會有撥雲見日的那一刻。

接下來要做的就是控制好自己的消沉情緒，不要讓它繼續蔓延下去，以免損害我們的精神和身體健康。我們不能沉溺在消沉的情緒中不做反抗。哈維洛克·艾利斯（Henry Havelock Ellis）說過：「自甘墮落的人總認為自己是最不可救藥的癱瘓者，因而總是賴著不起來。」我們可以適當地為自己制定一個並不難達成的新目標，並朝著這個新目標不斷努力，相信實現目標的喜悅能夠沖淡自己低落、消沉的負面

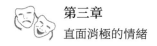
情緒，不能夠把消沉的情緒當作自己不努力奮鬥的藉口。

我們也可以做一些能夠讓自己開心起來的事情，對於那些明顯會給我們添麻煩的或者我們不願意做的事情，可以暫時先避開。將自己的注意力轉移到輕鬆的事情上，消沉的情緒也會有所減少。我們還可以將令自己消沉的事情傾訴給好友，從他們那裡獲得安慰和一些理性的建議，這樣也能夠讓我們的壓力得到適當的緩解。

閒暇時，我們還可以多晒晒太陽，讓明媚、溫暖的陽光驅散內心的陰霾，這有助於我們調整自己的心情。此外，多讀書、多思考、多鍛鍊、多參與社交活動、培養自己的興趣以及外出旅行等事情也能夠為我們的情緒調節帶來極大的幫助，當我們的生活變得豐富多彩的時候，誰還有時間去消沉呢？

（九）哭吧，不是罪
—— 消極情緒之悲傷

　　小梓在得知自己丈夫出車禍的那一刻，覺得天都要塌下來了。她急忙趕到醫院的急診室門前，不斷地祈禱著上天能夠保佑她的丈夫活下來，隨後，年邁的公公婆婆也趕到了醫院。幾個人煎熬了幾個小時之後，急診室緊閉的門突然打開了，醫生從裡面走出來，遺憾地對她搖了搖頭。她知道上天沒有聽到她的祈禱，奇蹟並沒有發生。她的生活支柱崩塌了，她絕望得恨不得當場隨丈夫而去，但是想想正在幼稚園上課的兒子，看著因為聽到丈夫的噩耗而當場昏過去的公公和哭得幾乎背過氣去的婆婆，小梓無暇悲傷，連忙和護理師一起把公公送去就診。丈夫已經走了，兒子和兩位年邁的老人必須有人照顧，她必須得堅強起來，接替丈夫，做這個家的新支柱。

　　在警方的協調下，她平靜地跟肇事司機談妥了賠償金額，一邊將兩位老人接到家裡來照顧，一邊處理丈夫的喪事，但她實在抽不出閒暇去接自己的兒子放學。得知消息的小梓的母親早早趕了過來，幫著她操持家務，照顧外孫。小梓的母親看到女兒從女婿出事後就一直表現得非常堅強，不

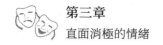
曾掉過眼淚，心裡隱隱有些擔憂。女兒和女婿有多相愛她是知道的，連她接到女婿去世的消息都難以接受，何況是女兒呢？直到處理完丈夫的喪事，送走了所有前來慰問的親朋好友，看到母親關切的、欲言又止的眼神時，小梓才忍不住撲到母親懷裡哭了起來。

小梓的母親這才算放下心來，女兒將悲傷的情緒憋在心裡不發洩出來，她總擔心女兒會想不開，現在哭出來還能好一點，畢竟擦乾了眼淚，生活還是要繼續下去的。

悲傷是一種幾乎人人都曾感受過的複雜情緒，悲傷的情緒中往往還包含著失望、沮喪、氣餒、孤獨、消沉等。悲傷的情緒一般產生於這三種情況：和摯友親朋分離、自身所遭遇的失敗以及失去了對我們來說非常重要的東西。根據悲傷程度的不同，悲傷的心緒還可以細化為難過、悲傷和極度悲痛。

小美和自己的男朋友分手了。當初自己死纏爛打地追到了心儀的男神，暗戀了整整三年，在一起的時間才不過三個月。小美本以為自己也沒有很在乎，但接下來的一個星期裡，無論做什麼她都提不起精神來。室友叫她出去逛街，她沒心情去；老師講課的內容她也聽不進去；出去吃飯她甚至連自己的包都忘在了餐廳。

朋友都說小美的情緒肯定出問題了，而小美覺得自己只是頭昏昏沉沉的，有點難過而已，她只是還沒有從分手的打

擊中走出來，想著用平時吃零食減壓的辦法就能解決了。但是她沒想到，無往不利的零食減壓法此時完全不奏效，出去旅行也沒能讓她從悲傷的情緒中走出來，直到有一天弟弟打了視訊電話給她，聽著弟弟關切的話語，小美忍不住放聲大哭。神奇的是，哭完之後她就好多了，慢慢又恢復了往日的神采。

人在悲傷的時候常常會哭泣，這是因為悲傷時的眼淚可以排毒。無論男性還是女性，在痛快淋漓地哭過一場之後，都會感覺心情好了很多，好像壓在心頭的巨石突然被搬走了，精神狀態會很放鬆，健康狀況也會有所改善。

原來，人在情緒壓抑的時候，會產生一些對自己身體有害的物質，臨床醫學研究證明：長久壓抑情緒，會影響身體的健康，並導致身體患上某些疾病；而喜歡用哭泣發洩情緒的人，哭過之後壓抑的情緒會有明顯的緩解。所以有人猜測，女性之所以平均壽命比男性長，也許就是因為女性更懂得用眼淚來發洩自己的情緒，而男性則秉承著「男兒有淚不輕彈」的理念，將自己悲傷的情緒一股腦兒地壓在心底，很少發洩出來。

當我們將悲傷的情緒透過哭泣發洩出來的時候，我們緊繃的神經會得到一定的放鬆，心理壓力也會適當得以緩解，所以說哭泣可算是一種有效的減壓方式和心理保護措施了。

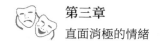
當然，過度或過於持久的悲傷情緒就難以只透過哭泣來排解了，這種情緒對我們的身心健康來說也是絕對的有害無益。過度的悲傷容易致人暈厥，引發各種心腦血管疾病；而對我們的心理狀態來說，持久的悲傷會讓我們的心情長期處於無助、失望、孤獨中，容易讓人患上憂鬱症。

總之，在感到悲傷的時候不妨大哭一場，將內心所有的壓抑、委屈、無助等全部發洩出來，哭過之後，我們的情緒狀態會發生明顯的轉變。當然，我們也可以把我們的情緒向朋友或者家人傾訴，也許他們能夠為我們提出寶貴的意見，如果沒有，那麼至少我們還能獲得貼心的安慰，這總能夠讓我們的心情好一點。

如果在親朋好友面前羞於啟齒，我們也可以把自己的情緒寫進日記本裡，寫出來和說出來有時候能產生相同的作用。我們還可以找點能夠讓我們放鬆的事情做，比如看一場喜劇電影，吃一頓夢寐以求的大餐，去遊樂場痛痛快快玩一輪，或者讓自己沉溺在書籍的世界裡努力汲取知識。這些方法都能夠幫助我們盡快走出悲傷的情緒，讓笑容重新回到我們的臉上。

（十）曾有一份真情
—— 消極情緒之後悔

故事一

　　阿勇正在寢室裡玩手機，突然聽到室友博仔大喊一聲：「啊！氣死啦！」他立刻和室友們一起圍了上去，問道：「怎麼了？叫得這麼淒慘。」博仔痛心地指著電腦螢幕說道：「前兩天這個新遊戲剛上架，我以為優惠時間還有很長，就先買了其他遊戲，結果剛才看到它竟然漲價了，漲了整整三倍！坑死人了！我現在恨不得坐上時光機回到三天前，狠狠搧自己一耳光！為什麼那天不買？為什麼？為什麼？我好後悔啊！」

　　與此同時，女生宿舍的青青正撲到閨蜜的懷裡打滾求安慰。她看上一件連身裙很久了，裙子吊牌上高昂的價格讓她再三猶豫，可是對於那條連身裙的喜歡同樣讓她割捨不下。她和閨蜜去看了三四次，每看一次，想買那條裙子的欲望就會增加幾分，就好像那條裙子對她來說有著致命的誘惑一般。就在她終於下定決心要去把裙子買下來的時候，卻被店員告知那條裙子已經被人買走了！青青的腸子都悔青了，一個勁兒地問閨蜜：「怎麼辦，我心愛的裙子被人買走了，怎麼辦？我難過死了。上次和妳一起逛街時我錢都帶夠了，為什麼沒有買下來呢？我好後悔啊！」

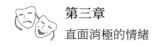

故事二

　　學測結束後，一位考生剛走出教室就摀著臉大哭起來，他一邊哭一邊說道：「完了，後面有好幾道大題我都沒有做出來，這次肯定考砸了，真恨我自己，為什麼當初老師講的時候我沒有認真聽呢？」

故事三

　　小邱騎著機車去車站接遠房親戚。深秋的天氣，他騎著機車在路上跑，風跟刀子似的往身上割。小邱狠狠地打了一個噴嚏，他一邊降低車速一邊裹緊了自己單薄的外套。他現在有些後悔了，出門的時候奶奶給他拿了一件厚厚的大衣，他覺得太誇張就打死不願意穿，結果現在凍得不行。為什麼剛才沒聽奶奶的話呢？這都走到半路了，他實在不想再騎回去，這次肯定要感冒了。

　　後悔這種情緒相信每個人都不陌生，那什麼是後悔？後悔是指我們在做了某件事情之後，對於現狀非常不滿而產生的一種悔恨的心理，認為自己如果當初做了別的選擇和判斷，也許面臨的狀況要比當前的狀況更令人滿意。但時光不可逆轉，已經發生過的事情也無法更改，我們因此感到悔恨和埋怨自己，這就是後悔。

　　每個人多多少少都體會過後悔的情緒，當我們後悔的時

候，我們總希望這個世界上有後悔藥可以吃，希望擁有漫畫書中哆啦 A 夢的時光機或是影視作品中能夠重返過去的月光寶盒。

關於後悔，最經典的例子就是周星馳在《大話西遊》中說的那段臺詞：

「曾經有一份真摯的感情擺在我面前，但我沒有珍惜，等到失去了我才後悔莫及，人世間最痛苦的事莫過於此。如果上天可以給我再來一次的機會，我會對那女孩子說三個字『我愛妳』。如果非要在這份愛上加一個期限，我希望是一萬年！」

我們沒有可以回溯時光的法寶，沒有穿越時空的能力，對於已經發生的、既定的事實，我們也沒有辦法去更改。除了悔恨和怨恨自己，我們竟然沒有別的事情可以做，這就是為什麼在所有的負面情緒中，後悔被稱為「負能量之最」。

後悔除了耗費我們的精力，讓我們的情緒低落、無限懊悔，還會導致我們沉溺在愧疚、沮喪的負面情緒中無法自拔，對改變現狀毫無助益。印度詩人泰戈爾說過：「當你為錯過太陽而流淚，那你也要錯過群星了。」所以，當我們感受到後悔的時候，我們要做的不是一味地自責和埋怨自己，而是要打起精神來，盡自己最大的努力去彌補損失，這樣才能夠讓現狀不再進一步惡化下去，才能讓我們從後悔中吸取教訓，避免再度做出令自己後悔的行為。

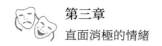
（十一）真是太難為情了
—— 消極情緒之尷尬

尷尬，表示個人處於一種無法擺脫的兩難境地，內心感到窘迫、難堪，面部表情也非常不自然的一種情況。人在尷尬的時候，在生理上表現為臉色發紅、額頭冒汗、手心出汗、口乾舌燥等。

故事一

琳琳的室友阿玲想要做個新髮型，可是她不想自己去，便來找琳琳陪她一塊兒去美容院，但琳琳覺得等別人做頭髮實在是太無聊了，她不想把自己的時間浪費在這種事情上，便說：「我今天要在家裡洗衣服、收拾房間，一大堆家事等著做，恐怕沒什麼時間陪妳。」阿玲說道：「做家事哪裡需要花費一整天的時間啊，一個上午就能做完了，妳可以下午陪我一塊去啊！」琳琳說：「下午我跟彤彤約好了去找同學聚餐。」

阿玲聽完後半信半疑地走出了房間，結果剛好遇見進門的彤彤，阿玲問她：「彤彤，妳跟琳琳約了下午要去找同學聚餐嗎？」琳琳連忙給彤彤打手勢、使眼色，可是彤彤剛注意到她的小動作，話就已經脫口而出了：「同學？什麼同學？

要聚餐嗎？我怎麼不知道？」阿玲回過頭瞪了琳琳一眼，琳琳見自己的謊言被拆穿了，一下子臉色通紅，也不願再解釋什麼，有些羞愧地躲開了阿玲的眼神。

阿玲對彤彤說：「既然沒有聚餐，那妳下午陪我去美容院吧！」這時彤彤才明白過來，於是誇張地做出一副剛想起了什麼似的表情，說：「哦，聚餐啊！我差點忘了，是要聚餐沒錯。我下午就不陪妳一起去了啊！」阿玲說道：「裝，妳再給我裝！」彤彤眼看自己也糊弄不過去了，歉疚地對阿玲笑了笑。阿玲沒理她，氣呼呼地走了出去。

故事二

晶晶和幾個朋友出去聚餐，朋友們的家境都很不錯，各自找的工作也都有著豐厚的薪資。晶晶不想在朋友們面前丟臉，就穿了一條自己買的高仿名牌裙，把自己打扮得漂漂亮亮出門了，結果其中一個朋友竟然跟她撞衫了。不過「撞衫不可怕，誰醜誰尷尬」，晶晶長得漂亮，身材好，即便高仿的裙子穿在她身上也很顯氣質；而跟她撞衫的小倩則有些撐不起來身上的裙子了，兩個人一對比，小倩的面子就有些掛不住了。

小倩自己心裡不痛快，也不想讓晶晶好過，在想到身上的裙子價格昂貴的時候，她忽然心生一計，拉著晶晶的手故作親密地說：「我們兩個的眼光可真是一樣好，這裙子剛出來我就想要買了，等了好久才買到，妳是在哪個百貨公司買

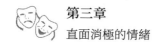
的？」晶晶被她一問，顯得有些緊張，說道：「就 xx 中心裡的那間店鋪。」小倩聽她這麼說，就知道她的裙子不是正版，心裡頓時舒爽多了。

　　小倩輕蔑地笑著，放開晶晶的手，端起了桌上的咖啡，抿了一口說道：「是嗎？可是那裡並沒有這牌子的專櫃啊？這牌子的專櫃只開在 xx 區那間，本市僅此一家，妳不會是被人騙了吧！」其他人也都看向晶晶，晶晶頓時臉紅得像是要燒起來，她緊張地攥緊了自己的手心，不知道該怎麼把裙子是高仿的事實給說出口。

　　當我們撒謊被他人當場拆穿的時候，或是自以為不想讓他人看見的東西被意外曝光出來的時候，就會產生一種無所適從、緊張、局促、難堪的情緒，恨不得找個地縫鑽進去，這就是尷尬。有些人還會因為尷尬而逃避社交行為，不敢與其他人交往，生怕自己出錯，受到他人的嘲笑。其實，我們大可不必如此。心理學家經過研究發現，容易尷尬的人，反而會受到更多人的歡迎，這是因為人們普遍認為容易尷尬的人會更讓人感到親切和值得信任。

　　當然，很多人在體會到尷尬情緒的時候還是會非常緊張和不適的，更多的時候會使用沉默來化解尷尬。但等待尷尬情緒消失的過程總是漫長而令人備感煎熬的，那麼我們該如何快速地調節尷尬情緒呢？

　　小王和同事們在 KTV 唱歌，一個女同事唱歌的時候聲音有點小，話筒也有些問題，加上包間裡太過吵鬧，導致小王誤以為當前的歌曲沒有人唱，所以他直接點了切歌。可是剛點下去，女同事就不滿地抱怨道：「好不容易輪到一首我點的歌，你怎麼給我切了呢？」

　　這就很尷尬了，但小王的反應非常快，腦子一轉就想到了化解的方法，他說：「原來是妳在唱啊，妳這唱得也太好了，我都沒聽出來，還以為是 MV 裡歌星的原聲呢！我以為這首沒人唱，我就切掉了，妳等一下，我這就幫妳重點。」女同事被他一番誇獎之後，笑顏逐開，不再計較他切歌的事情，反而跟他的關係密切了起來。

　　有些人在面臨尷尬的場景時能夠巧妙地用自己的方式圓場，不僅不得罪人，還能讓周圍的人為他機智的行為拍手叫好。

　　一家飯店招收員工的時候問了這樣一個問題：「如果你進入了女客人的房間，但是剛好遇到女客人在洗澡的情況，你如何擺脫這種尷尬的局面？」有些面試者中規中矩地回答道：「我會跟她說『對不起女士，我不是故意的』。」有些面試者則說：「我會自己退出去，等到客人穿好衣服後再向客人道歉。」最後飯店經理選定了其中一位面試者，因為他的回答是：「對不起先生，我不知道您在洗澡，打擾了。」

　　直言坦白有時候未必能化解尷尬，機智的頭腦和靈活的應變能力更能讓我們達到目的。所以，當我們處於尷尬的境況時，首先要提醒自己保持冷靜，不要因為一時的羞愧而惱羞成怒，讓事情變得更加糟糕。因為只有冷靜下來，我們才能夠調動理智尚存的頭腦，幫自己做出準確的分析，並制定出化解尷尬的方案。

　　當然，我們也可以選擇用一個玩笑來化解尷尬，畢竟幽默是人際關係的潤滑劑。當大家都被歡笑包圍的時候，我們尷尬和無所適從的情緒也能夠得到極大的緩解。

　　某位鋼琴家在美國密西根州弗林特城進行演出，但是在他走上舞臺的那一刻他才發現，觀眾席裡至少有一半的座位沒有坐人，這個尷尬的事實無疑嚴重地打擊了他的自信心。但他知道如果放任失望的情緒不管，他接下來的演奏也會受到影響，所以他走到舞臺中央，對著為數不多的觀眾們深深鞠了一躬，然後他說道：「看來弗林特真是一座有錢的城市。」

　　觀眾們正為他這個結論的來源而感到好奇，鋼琴家就自己揭開了謎底：「我看到你們每個人都買了三張票。」波奇話音剛落，觀眾們就體會到了他話裡的幽默，忍不住笑出了聲，本來沉默嚴肅的氣氛也變得活躍起來。波奇的心情也因受到感染而變得愉快，然後他走到鋼琴前坐下，將美妙的樂曲完美地演奏出來。

　　除幽默之外，自信的態度也是我們在人際交往中必不可少的條件。當我們以自信的態度坦然面對尷尬情緒的時候，他人就會被我們的自信所吸引，尷尬也會在無形之中被忽略和化解。此外，巧妙地轉移話題，也不失為一種化解尷尬情緒的好辦法。所以，當我們被尷尬情緒困擾的時候，不必著急、惱怒，而是學著發揮智慧，動動自己的腦筋，想辦法把不利的局面轉換成對我們有利的局面，這樣才能讓我們和尷尬的情緒說再見。

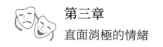
（十二）我真的不是故意的
——消極情緒之內疚

　　五歲的龍龍和瑞瑞一起在社區的公園裡盪鞦韆。龍龍幫瑞瑞推了一會兒便覺得心癢癢，他也想做那個盪鞦韆的人，不想只幫別人推，於是龍龍停下來對瑞瑞說：「我都幫你推了這麼久了，你下來換我玩一會兒吧！」瑞瑞有些不情願，拉著龍龍的手臂，撒嬌一般央求道：「龍龍，你再幫我推一下啦，我還沒有玩夠呢！等我玩夠了就換我推你，好不好？」龍龍有些生氣地說：「不好，我都幫你推了很久了，你老是說沒玩夠沒玩夠，什麼時候才能輪到我啊？我不跟你玩了。」他說著便甩開了瑞瑞，轉身就要離開。

　　瑞瑞本來坐在鞦韆上，雙腳只有腳尖能夠著地，剛剛他還放開鞦韆的繩索伸手去拉了龍龍，沒防備被龍龍一甩，重心不穩，一下子從鞦韆上摔了下來，膝蓋磕在水泥地上，瞬間擦破了皮，瑞瑞又怕又痛，「哇」的一聲哭了出來。龍龍見瑞瑞被自己推倒在地也嚇壞了，臉色通紅，熱淚盈眶，臉上寫滿了愧疚，他連忙跑回去把瑞瑞扶起來，蹲下去幫他看傷口，小心翼翼地給瑞瑞呼呼，又連聲道歉：「真對不起，我不是故意的。」

　　內疚是一種負性的自我意識情緒體驗，其種類包括違規內疚和虛擬內疚兩種。違規內疚，一般來說是指我們因為自己的某些違規行為導致了某件不太好的事情發生，對某個人造成了心理或者身體上的傷害，或是違反了公認的社會行為道德規範，而產生的慚愧、不安、自責、內疚的情緒。簡單來說，違規內疚的產生其實就是因為我們的行為違背了自己的價值觀，踐踏了自己內在的價值標準，受到了良心和道德上的自我譴責。虛擬內疚是指我們雖然沒有做出傷害他人的行為，或者我們做出的行為並沒有違反公認的社會行為道德規範，但我們仍舊認為他人所受到的傷害和自己有關，並因此產生了內疚和自責的心理，這種內疚的心理就屬於虛擬內疚。

　　關於內疚，《晉書》中有句經典的傳世名言：「我不殺伯仁，伯仁卻因我而死。」這句話的本意為：我雖然怨恨伯仁，卻沒有想殺他的意思；但是因為我的怨恨使伯仁被人殺死，伯仁的死與我有間接的關係，我有負於他啊！

　　東晉時期，琅琊王氏家族輔佐晉元帝登上皇位，晉元帝十分感激，因此非常信賴王氏一族，尤其是王敦、王導兩兄弟。王導為宰，於朝中主持內政；王敦為將，手握兵權在外。王氏勢力日益強盛，一時間有了「王與馬，共天下」的說法。晉元帝逐漸滋生不滿，暗中扶植劉隗、刁協等庶族寒

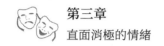
門，疏遠王導。王敦以替王導訴冤為藉口發動政變，起兵奪權。起兵之時，王氏一族仍在建康城內，王導和家族受到了牽連，劉隗向晉元帝進言要「盡誅王氏」。

王導為了表示自己與王敦劃清界線，一大早帶著王氏子弟跪在宮殿門口請罪，中途遇見了入宮面聖的周顗（字伯仁）。周顗也出身於名門望族，與王氏一族交好，他為人剛正不阿，做事嚴謹持正，和王導私交甚篤。王導希望周顗能夠在晉元帝面前幫自己說些好話，便小聲請求周顗：「伯仁，我全家一百多口人的性命就靠你了。」周顗彷若沒有看到烏壓壓跪倒在地的王氏宗族，沒聽到王導的請求一般，徑直從他的身邊經過。

周顗見到晉元帝之後，陳述王氏一族的功績，並對晉元帝進言說王導是個忠誠的臣子，王氏一族固然權重，卻沒有不臣之心，不該受到王敦的連累。周顗各種好話幾乎說盡了，最後皇帝採納了他的意見，沒有降罪於王氏子弟。君臣談罷政務，把酒言歡，周顗好酒，在宮裡喝到深夜，直到醉了酒才出宮。他出宮時王導一家仍然在宮門跪著，看到周顗出宮後，王導連忙再次請求周顗救他一家性命，結果周顗仍舊沒有理他，而是邊走邊說：「要殺個叛臣賊子，換個大金印帶在身上。」

回家之後，周顗擔心晉元帝再受劉隗的挑撥，為難王氏一族，便連夜又寫了一份奏摺呈到晉元帝的禦案之上，言辭

懇切地為王導一家求情。但王導見周顗自始至終都沒有理會自己，便以為周顗在挽救王氏一族的性命上沒有給予任何幫助，從此對周顗心生嫌隙，記恨周顗的見死不救。

後來王敦總攬朝綱，和王氏子弟在一起討論如何對待周顗和戴若思這樣的重臣時，王敦問：「周顗和戴若思是南北兩大才子，應當做三公之類的大官，這沒什麼可疑慮的吧？」但是王導沒有出聲。王敦接著問：「做不了大官，總還是可以做個尚書令之類的小官吧？」王導還是沒有回答。最後王敦說道：「如果他們不能為我所用，那就只能殺了他們吧。」王導也沒有反駁。王敦知道王導久在朝中，早已清楚朝臣的性格和政治傾向，所以當他看到王導一言不發，便知道王導的態度，於是大手一揮，決定了周顗的命運走向。

後來王導著手整理中書省文件的時候，發現了周顗為王氏上下極力辯白的奏章。在奏章中，周顗甚至提出願意以自己的性命換取晉元帝對王氏一族的赦免，滿卷求情之語言辭懇切、感人肺腑。王導這才知道周顗雖然表面上沒有理會自己的求救，實際上卻無時無刻不在維護他。而自己不僅誤會了他，還在哥哥王敦決定周顗生死的時候選擇了沉默。王導自責到了極點，對於周顗的死，他認為自己有著巨大的責任，他哭著對家人說出了那句傳世之語：「我不殺伯仁，伯仁卻因我而死。幽冥之中，負此良友。」

201

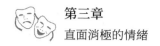
　　王導的這種負罪感和內疚之感，其實就是虛擬內疚。雖然不是他殺死周顗的，但是他卻因為周顗的死而深感自責。

　　內疚感雖然是一種負面情緒，但它卻是人們心理健康的「警報器」。一個喪盡天良的連環殺手會對那些被自己殺死的人感到內疚嗎？很明顯不會，因為他們已經喪失了良心和做人的道德底線。當然，除了窮凶極惡的殺人犯，生活中還有很多內疚感缺失的人，他們體會不到內疚的感覺，即便傷害了他人也毫無愧疚之情。

　　所以，當我們能感到內疚的時候，我們不必為這種負面情緒而感到難過，至少這說明了我們是一個良心尚存的、心理健全的人。當我們感到內疚的時候，就是我們的良心正在提醒我們去照顧他人的利益和感受的時候，這種愧疚是有助於我們營造良好的人際關係的，可以幫助我們更快地適應和融入集體之中。

　　不過值得一提的是，很多人在某些情況下不含絲毫惡意地拒絕了他人的請求時，也會產生內疚的情緒。

　　臨近下班，小翠被同事樂樂拜託換班，樂樂說自己家裡有點事急著回去，需要找人代班。平時小翠肯定樂意幫她這個忙，可是這次真的不行，小翠和朋友早就約好了晚上去逛街，她不想失信於朋友。所以儘管樂樂再三拜託，她還是委婉地拒絕了樂樂。看到樂樂焦急的面容，不知道為什麼，小翠突然十分心虛，內心還摻雜著一點點內疚。

　　相信很多人都有過和小翠同樣的經歷，明明自己只是正當地拒絕了對方的求助，卻還是會感到心中有愧，好像是虧欠了別人一樣。這種內疚並不是說我們真的虧欠了別人，而是因為隨著個人的成長和成熟，我們逐漸明白了自己在社交關係中所承擔的責任，當他人因為我們沒能夠提供幫助而焦急的時候，我們自身的移情能力會讓我們設身處地地對那個遭到我們拒絕的人所產生的感覺感同身受。

　　但這並不是我們自己的錯誤，要知道，別人在向我們提出請求的時候，他就應該知道會有兩種可能：第一種是我們願意幫助他，第二種是我們拒絕幫助他。如果我們因為合理的原因拒絕向他提供幫助，那麼，需要消化這個結果的人不該是我們，而是他。如果他不能消化這個結果，那也不是我們的責任，而是他自己的心理不夠成熟。我們可以一時產生內疚的情緒，卻不必將此視作對他的虧欠，更不能在內疚的心理作用下去做一些自己不情願卻硬著頭皮去做的事情。

　　也就是說，如果這種內疚感是正常的，那麼我們就用不著耗費大量的精力去擺脫它，時間自然會淡化它。我們需要的是借助內疚的情緒引發我們對於人際關係和個人所承擔的責任以及個人價值觀的思考。但如果內疚過度，那麼我們就容易長期生活在緊張、高壓力的環境之中，這對於我們的身心健康都有著很大的損害。這個時候就需要想辦法克服這種

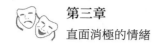
內疚的情緒了，思考自己的行為是否真的違反了自己的準則和社會道德規範，如果有，那麼盡力去做出適當的彌補；如果沒有，那也就不必太過放在心上。

要避免自己陷入自我懲罰的思維中。雖然自我懲罰能對我們的內疚情緒起到暫時緩解的作用，但其弊大於利，過度的自我懲罰只會讓我們的內心更加痛苦，不能給我們的人際關係帶來任何實質上的好處。所以，我們要學會開解自己，將事情分析清楚，對那些不該由我們承擔的責任說「不」，提高自己的認知水準，而不是一味地做一個不懂得拒絕並會因為拒絕他人而內疚不已的「老好人」。

如果我們只是因為別人的看法而內疚，比如由於沒有在父母爭吵的時候幫任何一方說話，而被視為「白眼狼」、「不孝順的子女」，或是之前其他人的要求我們都答應了，這次因為拒絕了他人而遭受了非議等，對於這些不屬於我們的責任，我們有拒絕的權利，不必被他人的想法綁架，更不必為他人的想法負責。做好自己應做的，不因他人的想法和莫名其妙的指責而產生動搖，這樣我們才能夠讓內疚情緒發揮出它合理的作用。

（十三）只在一念之間
—— 羨慕與嫉妒

羨慕和嫉妒這兩種情緒對我們來說並不陌生：羨慕即豔羨、愛慕，看到別人有某種優點、優秀的條件或者擁有美好的事物，就希望自己也能擁有，與此同時將對他人所擁有的優點的渴望轉化為督促自己前進的動力；嫉妒則指的是因為別人擁有的某種東西自己沒能夠得到，所以對於那個擁有某種東西的幸運兒產生冷漠、排斥、貶低、輕視甚至是敵視的情緒，放任嫉妒情緒的滋長就很容易產生嫉妒心理。嫉妒心理讓人痛苦不堪，甚至會對那些擁有某種我們渴望擁有卻無法得到的東西的人產生怨恨的心理，恨不得將對方的東西搶過來占為己有。從情緒的友善度來說，羨慕是友善溫和的，而嫉妒則帶著滿滿的敵意。

嫉妒會令人發狂，也會讓人變得極具攻擊性。打開電視，隨意轉到一部電視劇，幾乎都能看到某個角色因為嫉妒而做出不理智的事情，這一點在古裝劇中尤為明顯，後宮的妃子們常常因為嫉妒某個女人得到了帝王的寵愛，便在背地裡想盡辦法擠兌乃至傷害這個受寵的妃子。

嫉妒，在我們的日常生活中被稱為「吃不到葡萄就說

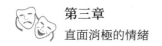
葡萄酸」。嫉妒與羨慕雖然都是由於自己和他人攀比而產生的情緒上的失望和心理上的壓力，但羨慕並不會讓人產生不滿和怨恨以及憎惡他人的心理。羨慕是一種積極的情緒，它會使我們由衷地對他人的幸福給予祝福；嫉妒卻是一種消極的情緒，它會讓人產生怨恨的心理，對於自己的現狀和不幸深感無奈，怨天尤人，甚至會讓人產生一種想要破壞他人幸福的傾向，形成自己得不到的也不想讓其他人得到的極端心理。

羨慕和嫉妒兩種情緒所帶來的結果一目了然，當我們羨慕他人的時候，我們會將他人作為自己的榜樣，會積極努力地提升自己，不斷地超越自己，使自己變得更加優秀；嫉妒則會讓我們對他人的美好滿懷惡意，甚至會使出卑鄙的手段去破壞他人的美好，最後自己也變得面目可憎。將他人拉入自身所處的泥沼中，固然會感到一種畸形的快樂，但並不能讓我們自身得到提升。要知道世界上比我們優秀的或者條件比我們優越的人比比皆是，我們總不可能將所有比我們優秀的人都拉低到自己的水準。所以，與其嫉妒他人，不如將嫉妒的情緒轉換為督促自己前進的動力，不斷超越自己，如此才能在真正意義上將自己的生活變得更加美好。

（十四）並非一無是處
—— 消極情緒的積極作用

在我們的印象中，消極情緒對我們的身心健康是有害的，它不僅影響我們正常的學習、工作和生活，阻礙我們個人的進步與發展，還會連累周圍的人遭受池魚之殃，所以我們都希望自己是快樂的、積極向上的，在祝福和安慰他人的時候，我們也常常說「愛笑的人運氣總不會太差」、「樂觀點，沒有過不去的坎」等。但消極情緒對我們的生活就沒有一點點積極的作用嗎？如果消極情緒對我們的生活毫無助益，那麼它為什麼沒有在人類進化的過程中消失呢？

澳洲新南威爾斯大學的心理研究人員也很好奇這個問題，所以他們對此做了大量的實驗，並發現消極情緒也有著積極的作用。他們找來一些志願者參與實驗，在實驗的過程中，研究人員對志願者們放映了一些會讓人產生消極情緒和積極情緒的電影，還讓志願者們回憶令自己高興或者悲傷的過往經歷，藉此來讓志願者們產生消極或積極的情緒。當志願者們處於某種情緒狀態的時候，研究人員會讓志願者們判斷流言的真實性。

實驗的結果證明：心情愉悅、情緒積極的人更為衝動，

流言能夠輕易取得他們的信任；而對悲觀的、情緒低落的人來說，他們對於流言的態度則更為謹慎，不會輕易相信。也就是說，消極情緒能夠有效提高人的判斷力。研究人員還發現：當志願者們的情緒處於消極、低落的狀態時，他們在講述自己過往所經歷的事件的時候，能夠更清晰地說出事件的細節，而且很少出錯。但情緒處於興奮狀態的人則不太善於陳述自己的情況，對於事件的細節印象也比較模糊。這表示當人們處於消極情緒的狀態時，記憶力會有所強化。

由此可見，積極情緒固然對人們有著很大的幫助，不僅令我們信心倍增，還會提高我們對環境的適應能力，激發我們的創造力，但消極情緒對我們來說也並非完全有害無益。

學生在面臨考試的時候會產生緊張、焦慮的情緒，在這種情緒的作用下，學生會直覺地把握每分每秒，將自己投入書山題海之中，提升自己的成績；考試失敗的時候，低落的情緒會促使學生在新的學期付出更多時間和精力努力讀書；當看到其他同學因為成績優秀受到褒獎的時候，有的學生會產生羨慕的情緒，並在這種羨慕情緒的影響下付出更多的努力。

而且，當我們情緒低落的時候，我們更能以沉著冷靜的頭腦和謹慎的態度去分析和判斷形勢，綜合處理各種資訊，並找出合理的解決方案，對我們度過難關產生有效的幫助作

用。這也就說明：適度的消極情緒能夠幫助我們改變現狀，取得新的進步。

　　生活中，總有一些人會因為消極情緒的影響而墮落，因為嫉妒而陷害別人，因為焦慮而傷害自己，因為失敗而自暴自棄。但有些人卻能夠利用適度的消極情緒去努力改善現狀、改變自己。所以，消極情緒未必不能發揮積極作用，只是要看我們在面對消極情緒的時候選擇的是坐以待斃，還是奮起反擊。

第四章

表情動作中的情緒

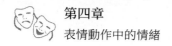
（一）喜上眉梢
── 掩飾不住的快樂

　　情人節當天，小勇買了大捧的「藍色妖姬」鮮花給女朋友蓉蓉，還送了她一套她夢寐以求的化妝品。當蓉蓉收到禮物的那一刻，她臉上的笑容燦爛極了，當天晚上，無論小勇是帶她去吃飯還是去逛街，蓉蓉都表現得非常聽話，臉上的笑容也自始至終沒有消失過。蓉蓉帶著笑意，眉眼彎彎的樣子讓小勇忍不住看了又看，他覺得今天愛笑的蓉蓉格外可愛。看著蓉蓉眉飛色舞、腳步輕快的樣子，就連他自己也跟著開心了起來。

　　快樂是一種發自內心的、讓人由衷地感到幸福和滿足的情緒，是精神上的愉悅和滿足。童話故事的結尾總是寫道：「從此，王子和公主幸福快樂地生活在一起。」這其實就是作者本人對於快樂情緒的一種嚮往，因為快樂代表著無憂無慮、身心放鬆。人在快樂的時候，眼角和眉毛會微微下壓，嘴角上揚，整個人的精神狀態是自然的、放鬆的，充滿了愜意與舒適，讓人一看便身心舒暢。

　　人很難掩藏住自己的喜悅，開心與否只要看一看表情，就能夠看出來。強顏歡笑、禮貌性質的微笑和皮笑肉不笑的

表情，與人真正感到快樂時的表情有著明顯的區別。小說中常說的「笑意未達眼底」，說的就是真正喜悅時的笑容和其他性質笑容的根本性差別。雖然說來誇張，但一個人喜悅的時候我們可以發現他的眼睛是亮晶晶、閃著光的，整個人光彩奪目，極具感染力。

人在開心的時候，主管面部笑容的顴肌和眼睛周圍環繞著的眼輪匝肌會收縮起來，進而在人的面部表情上呈現嘴角不自覺地上翹、眼睛瞇起、眉毛傾斜等變化，這就是笑容最本真的狀態。雖然眉毛只是一個不起眼的面部器官，但眉毛卻能夠將人們情緒的起伏變化淋漓盡致地表現出來。所以當我們和他人交流的時候，可以透過觀察他人的眉毛來分析和判斷對方的情緒變化。

蕊蕊在宿舍裡愁眉苦臉嘆著氣，同宿舍的小靜好奇地問她：「妳怎麼一副垂頭喪氣的樣子？有什麼心事？」蕊蕊說：「上午我有點頭暈，在宿舍裡休息了一下，沒有去上張老師的課，也沒有請假，結果剛才小凌說老師讓班長點名了，我有點擔心。張老師下節課罵我一頓還好，最怕他記著名字，到考試的時候把我當了。這門課我本來學得就不扎實。」小靜笑著說：「原來妳擔心這個啊，不用擔心了，張老師有事沒來，找別的老師代了一節課。班長雖然按照代課老師的吩咐點名了，但應該不會有什麼大問題的。」

　　蕊蕊聽完小靜的話後稍稍有些放心，緊皺的眉頭稍微舒展開來，臉上也沒有了之前的愁苦。但她隨即又想到班長會不會記了名字交給張老師。小靜皺著眉頭想了一下，聳聳肩沒底氣地說：「不知道，應該不會吧。他要交給老師，妳就只能自認倒楣了。」蕊蕊聽完後眉心糾成了一團，不停地說道：「哎呀，這可怎麼辦啊！」恰好這時小凌帶著課本回到了宿舍，她眉飛色舞地對蕊蕊說道：「說說妳要怎麼感謝我吧！我可是幫了妳大忙呢！」

　　蕊蕊眉毛微微揚起，好奇地說：「謝妳什麼？我這都快煩死了。」小凌得意揚揚地抬高下巴，眉毛也揚得老高，說道：「我幫妳跟班長那裡說情了啊！我平時跟班長關係還不錯，拉著他說了好半天，他才答應不把缺課的名單交給張老師。怎麼樣，我屬害吧！」蕊蕊聽完高興得一下子跳起來，抱著小凌晃了晃：「太好了，小凌，妳真屬害，我還以為我一定會被張老師罰呢！真是謝謝妳了，晚上我請妳吃飯，地點隨便妳挑！」小靜看到蕊蕊高興得眉頭也舒展開來了，不由得跟著開心起來，笑著說道：「見者有份啊，晚上請客也算我一個。」蕊蕊高興地說：「好啊，我們三個一起去吃好吃的！」

　　蕊蕊的情緒從最初的低落、愁悶到平靜，再從平靜轉為更加苦悶，最後轉為興奮，其中的變化都呈現在了眉毛上。

仔細觀察，我們可以發現眉毛能夠展現出人的多種情緒。人在煩悶的時候眉頭是緊緊皺起的，好奇的時候則雙眉上揚，生氣的時候會眉毛倒豎 —— 很多作者形容生氣的女子時都會用「柳眉倒豎」一詞，而在開心的時候人的眉毛是處於舒展狀態的。

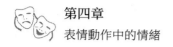

（二）手舞足蹈
──壓抑不了的興奮

　　阿鑫決定跟心儀的女神告白，雖然室友一再告誡他說：「表白應該是最終勝利時的號角，而不應該是發起進攻的衝鋒號。」但他還是忍不住想把自己的這份心意講述給自己喜歡的人聽。雖然把心儀的女神芸芸約了出來，但阿鑫對於芸芸能否接受自己的心意沒有半點把握，看著芸芸一如往常的熱情洋溢的笑臉，阿鑫忐忑不安的內心稍微感到了一絲欣慰，他攥了攥拳頭，給自己增添了一些勇氣，然後對芸芸說出了那句在心中醞釀了許久的話，說完後便緊張兮兮地盯著芸芸的臉。

　　芸芸聽完他的話後，白淨的臉上逐漸染上了緋紅，然後阿鑫看見芸芸緊咬著下唇點了點頭。阿鑫沒想到自己竟然真的能夠得償所願，高興得一蹦三尺高，拉著芸芸的手說著：「太好了，太好了，我還以為妳不會接受……太好了，我一定會對妳好的。」芸芸看到阿鑫滿臉寫著高興，激動得手舞足蹈，怎麼也平靜不下來的樣子，不由得也跟著開心起來。

　　人的興奮情緒是難以隱藏的，當一個人興奮的時候，肢體動作也會染上興奮情緒的色彩。這一點在形容人興奮情緒

的成語中就能看出來，人在開心的時候會「眉飛色舞」、「眉開眼笑」、「揚眉吐氣」，會「手舞足蹈」、「歡呼雀躍」、「撫掌大笑」，這都是興奮的情緒在人的面部表情和行為動作上產生的影響。

當看到一個人嘴角上揚，臉擠成一團，眼睛眯成一條縫的時候，我們可以判斷他是開心的。除五官之外，腳也能準確地呈現出一個人的情緒。

我們能夠透過腳的活動來判斷對方的情緒。心理學上有一個叫「快樂腳」的名詞，指的是當一個人的情緒處於興奮狀態的時候，他的雙腿和雙腳會不由自主地擺動。

小菲正和朋友在書店看書，她發現閨蜜雅雅捧著手機，突然雙腳不由自主地擺動起來，臉上也露出了燦爛的笑容，小菲連忙小聲問她：「發生什麼好事啦？妳這麼開心。」雅雅雖然顧忌著安靜的環境，不敢大聲喧嘩，但還是激動得雙腳不由自主地在地上來回抖動，她極力壓抑著內心的喜悅，低聲說：「太好了，我男朋友替我買到了我最喜歡的那款限量手辦！感覺超幸福啊！」

有的時候，迫於環境的限制，我們的情緒不能夠淋漓盡致地表達出來，但內心真實的情緒還是會透過身體洩露出來。例如：善於隱藏自己情緒的人，即便不苟言笑，遇見高興的事情也會忍不住偷偷揚起唇角。

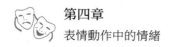

《晉書》中記載著一則關於東晉名士謝安的故事：

有一天，謝安正在和別人下圍棋，不一會兒，下人送上了姪兒謝玄的書信，謝安看完書信之後什麼都沒有說，繼續默不作聲地跟客人下棋。因為謝玄正在淮上與人作戰，客人便問：「是不是淮上有什麼軍情？」謝安說道：「那些小子大破敵軍。」這就是著名的淝水之戰，但謝安說的時候神色舉止如常，絲毫看不出有任何的情緒波動。謝安的確是一派名士風流，胸有溝壑，喜怒不形於色。但故事後邊還寫道：「既罷，還內，過戶限，心喜甚，不覺屐齒之折。」也就是說，棋下完了之後，謝安回到家，過門檻的時候，由於心裡太過高興，竟然連木屐鞋底的橫木被踩斷了都沒有察覺。

儘管謝安是在客人的主動詢問之下才用不鹹不淡的一句話將這個喜訊陳述出來的，但他的內心並不是沒有波動，他甚至非常激動，只不過在面上還是將自己的情緒隱藏得很好。生活中有很多大大咧咧的、將情緒寫在臉上的人，但也有很多類似謝安一樣喜怒不形於色的人。要想判斷出他人的真實情緒，還需要我們多點耐心，細緻入微地觀察他人的面部表情和行為舉止，這樣才能夠巧妙地發現他人隱藏起來的情緒。

（三）瞠目結舌
—— 轉瞬即逝的驚訝

　　週末是娜娜和閨蜜聚會的好時光。幾個小女生在茶餐廳喝茶閒聊，正在玩手機的娜娜突然發出了一聲驚呼，朋友們連忙好奇地看向她，只見她一邊指著自己的手機一邊說：「我的天哪，你們快來看，楚楚居然訂婚了！真是讓人不敢相信！」其他幾個小女生連忙圍上去看她的手機，手機上是楚楚身著婚紗的照片，楚楚旁邊還站著一個衣冠整齊的男子，兩個人看上去般配極了。

　　幾個小女生臉上吃驚的表情如出一轍，都是眉頭微皺，雙眼圓睜，嘴巴張開。她們覺得驚訝的原因是出於對楚楚的了解，她們上大學的時候和楚楚是同一間寢室的，關係也不錯。她們都知道楚楚是學校裡出了名的不婚主義者，大學期間儘管有無數個男生追在她後面跑，但楚楚從來沒有和任何一個男生談過戀愛，她明確地對外表示自己沒有與他人談戀愛的傾向，更排斥婚姻。娜娜她們都猜測，也許多年以後，楚楚依然是獨身一人，活得愜意灑脫。

　　沒想到這樣一個曾經無時無刻不在傳播單身主義思想的女孩，竟然比寢室裡其他人都先結婚了，而且先前沒有半點

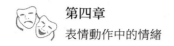
預兆。上次見面的時候楚楚還沒有男朋友，這次竟然已經確定了終身大事，這簡直讓人大跌眼鏡。幾個人看到這個勁爆的消息之後十分震驚，心裡久久不能平靜。

提起驚訝，想必每個人的腦海中都會出現一個人嘴巴張開、眼睛瞪大的畫面。這的確是很多人對於驚訝情緒最直觀的印象。其實，人在驚訝的時候面部表情還有很多細微的變化，只是我們平時沒有注意到而已。人在驚訝的時候，眉毛和上眼皮會微微抬起，這樣會顯得人的眼睛很大，與此同時也表現出當事人對於某件令他感到震驚的事情產生了莫大的興趣；驚訝的時候我們的嘴巴還會不自覺地張開。但驚訝的表情是非常短暫的，幾乎是轉瞬即逝，除非事件本身足夠震撼，或者有令人吃驚的事情接二連三地發生，否則長時間的驚訝極有可能是偽裝出來的。

驚訝情緒的產生一般來源於兩種情況：一種是我們沒有預料到的事情的發生。比如一向信奉單身主義的好友突然宣布了婚訊，這在很多人的思維中是不曾預料過的情況，所以在知道事情發生之後會產生驚訝的情緒。

另一種情況是自己的預判發生了錯誤。比如：甜甜和心儀的對象聯絡了一段時間，兩個人對彼此的印象都很不錯，擇偶條件也很契合，但甜甜告白的時候卻被心儀的對象拒絕了。甜甜既吃驚又傷心，她完全沒有想到自己竟然會遭到拒

絕，明明自己各方面都和對方很合拍。

　　整體而言，驚訝情緒產生的原因就是發生了我們預料之外的事。這有點類似於「少見多怪」，當我們知道有很多這種意外情況發生過時，這種驚訝情緒就不會出現了。不過驚訝情緒也有其益處，人在驚訝的時候能夠充分調動聽覺器官和視覺器官，讓思維更加活躍，以便我們能夠更好地進行分析和判斷形勢。

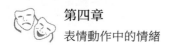
（四）暗送秋波
—— 眼神傳遞情緒

　　在《紅樓夢》中，林黛玉出場的時候曹雪芹最先描寫了她的眼睛：「兩彎似蹙非蹙罥煙眉，一雙似喜非喜含情目。」寥寥數語，林妹妹含愁帶露惹人憐的情態就已躍然紙上，博得了眾多讀者的好感。眼睛既是人們心靈的窗戶，也是人體最靈動的部位，它能夠最直接地反映出人的內心和情緒波動。我們看到一個人的時候，通常情況下也會先看對方的眼睛。

　　成語中有「暗送秋波」、「眉目傳情」、「眉目含情」、「眼意心期」等形容眼神傳情達意的成語，日常生活中我們也會說「看我眼色行事」、「你怎麼那麼沒眼色」、「你遞個眼色我就懂了」等話。這裡的「眼色」指的是眨眼示意的目光，一般是表示勸告、命令、指揮或邀請等意思。除情侶之間傳遞感情之外，普通朋友之間也能夠透過眼神的交流來傳遞情感。

　　在日常生活中，人際交往是必不可少的，想要了解他人的想法就需要我們和他人進行交流。這裡的交流不僅僅是指言語上的交流，目光的交流也是人際交流中尤為重要的一部

分。我們在和他人溝通的時候，不管是肢體動作還是眼神表情，無不在對外傳遞資訊。能看懂他人眼神中傳遞的情緒，對於我們理解對方的想法和經營人際關係都有著極大的幫助。

但很多人卻不喜歡和他人對視，更怕跟他人目光交流，彷彿生怕冒犯了他人或是洩露了內心的祕密一般。其實這倒沒有必要，注視他人的眼睛，有時候恰恰是尊重他人的表現。和他人的目光交流能夠讓我們更及時地感應到他人的情感和情緒的變化，及時調整我們的語言和行為，避免與他人產生誤會和衝突。所以，我們要試著用目光和對方進行交流。

正確的目光交流能夠讓我們的人際溝通更加順暢，錯誤的目光交流則會讓彼此之間產生誤會。那麼我們應該如何正確地運用目光進行交流呢？有以下幾種方法可以作為參考。

1. 接納法

眼神最能夠看出一個人的態度，當我們向他人釋放善意的眼神時，如果對方以微笑做出了回應，那麼就說明對方的態度也是友好、善意和願意接納的。如果對方避開了我們的視線或者對我們的注視毫無回應，那麼就說明對方並不想認識和了解我們，這是一種拒絕的態度。

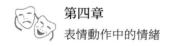

2. 戀視法

　　戀視，顧名思義是飽含戀慕之情的注視，眼神中傳遞著濃濃的敬仰、友善或者溫柔、誠摯、深切的愛意。愛一個人的眼神是難以掩藏的，當我們看到自己喜歡的人時，我們會忍不住帶著濃濃的愛意去注視自己心儀的對象。如果對方以同樣的目光回應我們，那當然是一件幸運的事，但如果對方迴避了我們的這種目光，則極有可能說明對方沒有與我們進行更深一步交往的打算。

　　還有一種情況，如果對方不確定我們是否出於真心或是感到羞澀的時候，也會暫時迴避我們的目光，不過很快他們就會偷偷看過來，這有點類似於「欲拒還迎」。在初戀的男女中，這種形式的眼神交流出現得尤為頻繁，因為不確定，所以對方需要試探我們是否出於真心。

3. 回視法

　　也就是轉身注視的意思。它不同於「倚門回首，卻把青梅嗅」的羞澀，而是表現深情厚誼的一種眼神，它代表的是一種認真的態度，多用於戀人之間，言情偶像劇中這種回視法的眼神屢見不鮮。

4. 目光確認法

當我們需要從他人那裡得到肯定時，不需要任何語言，他人堅定的目光就能夠讓我們產生無窮的信心和勇氣。

此外還需要注意的是，當我們和他人進行目光交流的時候，首先要明確自己的態度，做到禮貌、溫和、友好，這樣我們的目光也會表達出同等的善意。

在和他人交談的時候，要避免出現眼神躲閃，否則會讓對方對我們產生不信任的感覺；用眼神逼視對方則會讓人感受到壓力；目光呆滯或者左顧右盼都會讓人產生受到冷落或輕視的感覺，導致交談難以為繼。正確運用目光交流，才能夠讓我們在經營人際關係的時候事半功倍。

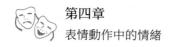

（五）笑裡藏刀
——笑容並不都是善意的

說起形容笑容的詞語，那真是數不勝數，如「眉開眼笑」、「談笑自若」、「笑顏逐開」、「嬉皮笑臉」等。人的笑也分為很多種，豪放灑脫的人哈哈大笑，靦腆的人掩口而笑，寬厚溫柔的人笑容可掬，真性情的人撫掌大笑。笑對我們來說是開心的象徵，但這並不是說所有的笑都代表了快樂的情緒。也有「強顏歡笑」、「脅肩諂笑」、「笑裡藏刀」這樣的詞語，它們代表的並不是快樂的情緒，而是出於某種社交需求或是為了達到自己的某種不可告人的目的而偽裝出來的快樂情緒。換言之，這種笑並不代表善意，有些人偽裝出快樂和友善的表象只是為了麻痺他人，內心極有可能隱藏著骯髒、卑鄙的算計。

笑裡藏刀就是最典型的例子：

在唐朝有一個叫李義府的人，他才華出眾，寫得一手好文章，待人接物彬彬有禮，和他交談的人無不感到如沐春風，因此他受到很多人的敬佩，甚至被推舉為監察御史。他曾經寫過頌揚唐太宗功績的文章，頗受唐太宗的賞識。唐高宗即位後，李義府聖眷不衰，也很得唐高宗的青睞。一個溫

和謙恭、逢人便帶三分笑的人，很難不受其他人的喜愛。

但相處之後，大臣們逐漸發現李義府雖然表面上恭謹溫良，實際上卻心胸狹隘，偽善陰險，是個笑裡藏刀的偽君子。他仗著唐高宗的寵愛在朝中大肆培植自己的親信，排除異己，凡是得罪他的人，都被他一一報復回去，甚至他還讓自己的妻兒代表自己向他人封官許願，藉此來索取錢財。

唐高宗隱約聽聞了李義府的某些出格的行為，婉轉地告誡了他，但李義府不僅沒有把唐高宗的話放在心上，還變本加厲地以權謀私，用官位向人勒索大筆錢財。唐高宗知道後非常生氣，派人將李義府父子抓起來，按罪論處，發配邊疆。

孫子兵法中也有笑裡藏刀一計：

吳國公子姬光對於吳王僚繼任吳王之位感到非常不滿，他認為自己才是應該登上王位的人。儘管內心無時無刻不在謀劃著篡奪王位，但是他並沒有將這種不滿表現出來，而是表現得非常順從，對吳王僚畢恭畢敬。姬光收留了智勇雙全的伍子胥，伍子胥還向他推薦了一個名叫專諸的吳國勇士，三人謀劃著等到時機成熟的時候便刺殺吳王僚。

姬光處心積慮地派人打聽吳王僚的飲食偏好，得知吳王僚最喜歡吃的是炙烤出來的魚肉，就讓專諸用心學習如何烹飪出美味的炙魚。趁著吳王僚的軍隊被楚軍圍困，文臣武將

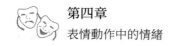
都不在身邊的時候，姬光將吳王僚請到自己家。吳王僚也不是傻瓜，在進入姬光的府邸前，他自己也做了多重防備，不僅在身上穿了三重甲衣，還帶了一百多名侍衛貼身保護自己。

　　姬光面帶笑容，拉著吳王僚來到席上，上菜的時候姬光假稱自己腳痛，暫時離開一下，隨後專諸捧著美味的炙魚越過重重護衛來到吳王僚的面前。正當吳王僚滿心期待地打算一品佳餚的時候，專諸突然從魚肚中抽出一把「魚腸」短劍，用力刺向吳王僚，短劍刺破三重甲衣，將吳王僚刺了個對穿。吳王僚的貼身侍衛連忙搶上前救人，但吳王僚已經沒有了氣息。專諸被侍衛們亂刀砍死，姬光則和伍子胥帶著數百名士兵包圍了吳王僚的衛隊。很快吳王僚的侍衛就被解決了，姬光成功篡奪了吳王僚的王位。

　　姬光所用的便是笑裡藏刀之計，以恭敬順從的態度大大降低吳王僚的防範之心，即便吳王僚有所防備，也被姬光的偽裝欺騙，導致自身落入了姬光的陷阱之中。

　　微笑雖然在生活中被我們當作善意的信使，但這並不代表笑的人就真的開心。商場裡有的趾高氣揚的售貨員會對寒酸的顧客露出輕蔑的笑容，有所圖謀的人會對自己的利用對象露出居心叵測的笑容，深謀遠慮的人會對單純幼稚得近乎愚蠢的人露出意味深長的笑容。要想判斷一個人的笑容是否

真誠，還需要我們仔細分析對方的微表情。當一個人笑的時候只有嘴部和臉頰發生變化，而沒有眼睛的閉合動作時，就可以判斷出這個人並不是真的開心，而是禮貌性或迎合性的假笑。

所以，即便陌生人對我們露出微笑，我們在回以微笑和保持禮貌的同時，也要記得保持警惕和防備，避免被有心人偽裝出來的善意所欺騙，導致我們的人身財產安全受到威脅。

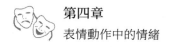
（六）抓耳撓腮
── 內心的焦慮作祟

　　考場上，曉林面對著空白的卷子，腦袋裡一片茫然。他有考前焦慮症，開考的時候考卷一發下來，他就審了整套試題，基本上試卷所涉及的知識點都是他之前複習過的內容，甚至連老師劃重點的時候說過的話他都記得清清楚楚，但這並不能讓他的內心平靜下來，不管考前複習得多麼好，一旦坐在考場上，他就煩躁得不行。平時記得清清楚楚的知識點在這個時候偏偏跟他玩起了捉迷藏，他絞盡腦汁也想不出來解題的思路，背得朗朗上口的詩句此時也隱匿在腦海中，完全找不到蹤跡。不一會兒，他就急得滿頭大汗，眼看著時間一分一秒流逝，自己的試卷還有大片空白，他不由得煩躁得抓起了自己的頭髮。

　　焦慮情緒是人們在為維持自身生存和繁衍而與環境抗爭的過程中所產生的一種情緒。在原始社會中，當人們遭遇惡劣生存環境的威脅或是缺乏食物等生存威脅時，就會出現焦慮的情緒反應。到了現代社會，人們在遇到困難或者感受到壓力的時候也會出現焦慮的情緒。也就是說，通常情況下，焦慮與人們遭遇的壓力、打擊或是可預見的危險或威脅有著

直接的因果關係。人在焦慮的時候會表現出精神緊張、情緒低落、痛苦等狀態。而病態的焦慮則是一種缺乏明顯客觀原因的內心不安或者毫無根據的恐懼。

在現代社會中，焦慮是一種非常普遍的情緒，多數人都被焦慮的情緒困擾過，也許是由於升學的壓力，也許是由於感情的問題，也許是源於生活的壓力。當這些煩惱緊緊圍繞著我們的時候，我們的情緒和心態很難保持平和，焦慮也就自然而然地產生了。但焦慮並不是毫無益處的，適度的焦慮能夠快速啟動人們身體的機能，提高人們的警覺性和各方面的反應速度。

正在上高中的小樂前幾天由於成績進步，被爸爸媽媽獎勵了一支手機。小樂之前看別的同學用手機上網、聊天、打遊戲和聽音樂時都特別羨慕，現在有了自己的手機，終於過了一把癮，但是他的自律性極強，平時上學的時候很少玩手機。有一天早上去上早自習，走到半路時小樂的室友榮榮突然停下來大叫一聲：「糟了，我手機忘記帶了！」小樂說：「忘了就忘了吧，我手機也忘在宿舍了，反正我們上課也用不到。」榮榮說：「不行，沒有手機我這一天會渾身不安的，你快陪我回去拿吧！」

小樂有些猶豫地說道：「這都快到早自習時間了，我們再回去宿舍一定會遲到的，而且說不定現在舍監已經鎖上大

門了。」榮榮拉著他說道：「唉，沒關係，我們跑得快一點，應該能趕得上。」結果還真被小樂說對了，他們趕回宿舍時，舍監已經鎖好了大門。小樂立即拉著愁眉苦臉的榮榮往教室趕。還好沒有遲到，可是整個早自習，榮榮都表現得魂不守舍，跟丟了什麼東西似的，也沒有心思背書了。焦躁的他把廢作業本撕成了碎紙條。

小樂感覺非常奇怪：「不就是一天不玩手機嗎？你用得著這麼焦慮嗎？難道還玩手機玩上癮了？以前沒手機時不是也過得好好的嗎？」榮榮說道：「你才玩手機兩三天，還沒有養成習慣，不懂這種失控的感覺，讓人很不安，我現在心慌得什麼都不想做。」小樂見自己勸不了他，索性背起了自己的書，並暗暗決定，還是要把手機交給爸爸媽媽幫忙保管，學測結束再讓他們還給自己，要不然肯定會耽誤自己課業的。

現代社會，手機已經成了人們日常生活中不可缺少的工具，和他人聯絡、出門之後查詢交通線路、買東西時的電子支付、閒暇時打發時間的影片和遊戲等，都需要手機作為載體。人們對手機的依賴程度越來越高，哪怕出去聚個餐，十幾分鐘不碰手機都會覺得心慌。即便沒有新的消息和來電，也忍不住想要打開手機看一下，親自確認過才會安心，否則就會出現煩躁不安、抓耳撓腮、精神緊張、心率加快、內心難以平靜下來等典型的焦慮症狀。

生活中，焦慮的人也隨處可見，比如在銀行業務窗口排隊的時候，有些人會蠻不講理地插隊，甚至做出越線的行為；還有些人在等紅綠燈的時候根本不遵守交通規則，看到沒車就直接過去，一分鐘的時間都不想多等；有些人要到馬路對面去，卻不願乖乖走上幾十公尺路到路口處繞過去，而是直接翻過欄杆橫越；塞車的時候很多人會忍不住怨天尤人，甚至咒罵交通和前面擋路的司機，這些行為背後都隱隱透露著我們的焦慮。

那麼，焦慮究竟從何而來？

整體而言，焦慮是我們對未知的不確定因素的不安和擔心。人人都喜歡完美和萬事都掌控在手心的感覺，雖然這有些乏味，但至少能夠讓人感到安全和放鬆。在生活和工作上，我們尤其不喜歡有出乎我們意料的事情發生，但生活是不可能一帆風順、事事如意的，我們也不可能將所有的事情都牢牢控制在手心裡，而免不得會有意外發生，有未知的困難等著我們去解決。很多人常常因為生活中的一點點不如意就自亂陣腳，心煩意亂，整天唉聲嘆氣，殊不知這時的自己已經被焦慮情緒控制住了。

如果我們放平心態，做好接受生活中各種磨難的準備，做到隨遇而安和知足常樂，那麼我們獲得快樂的成本就會低很多，焦慮的情緒也就沒有生根發芽的土壤了。「既來之，則

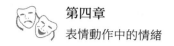

安之」，這樣一個看似簡單的道理卻需要我們用心去體會，才能夠使自己的內心安定下來，將注意力集中在解決當前面臨的問題和更好地適應環境上，而不是惶惶不可終日，給自己的精神戴上沉重的枷鎖。

　　人們會因為天災人禍而感到焦慮。生命是脆弱的，任何的天災人禍都有可能導致生命的逝去，更何況生活中還充斥著多重壓力和打擊。很多人會因為一夜之間傾家蕩產而想不開，結束自己的生命；也有很多人因為罹患絕症、不堪忍受而自殺；失業、失戀、失去親人等打擊有時候也會讓人陷入焦慮無援的境地。遭遇不幸的人會緊張、失落、焦慮，甚至會絕望，但一個人不可能永遠處在倒楣的位置上。熬過了最艱難的那段時間，走出了困境，我們的生活就會變得美好起來。每個人的人生都是在不斷地起起落落，人在上坡的時候總是更難一點，堅持過去，總有柳暗花明的一天。

　　心理素養和承受能力差的人更容易感到焦慮，因為一點點小事都能夠刺激到他們敏感的神經，讓他們緊張不已，提心吊膽，坐立難安。但凡有一點點失敗，他們都會像天塌了一般崩潰。焦慮情緒還容易引發暴躁和憤怒，有些人甚至會遷怒於身邊無辜的人，傷害他人的同時也傷害自己，造成和他人關係緊張的同時也使自己的精神更加緊張和疲憊，以至於出現失眠的情況，使自己陷入精神緊張持續增強的惡性循環之中。

　　這個時候我們需要及時地進行自我開導，並做好心理預警，將可能發生的情況在腦海中類比一遍，並制定出相應的解決方案，提高自己的心理素養和承受能力，盡量減少焦慮情緒對工作和生活造成的影響。同時注意給自己放個假，忘卻一切煩惱，安心睡一覺之後再振作精神，解決問題。

　　當我們自身的心理承受能力得到提高，解決問題的能力得以提升，能夠坦然面對生活中的各種困難的時候，焦慮情緒也就會離我們越來越遠。

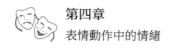
（七）打個招呼
──問候背後的情緒

　　佳佳早上去上班的時候，剛好遇見開著門打掃衛生的鄰居，她笑著跟對方打了招呼：「早啊，婆婆。」鄰居老太太笑咪咪地跟她問好。電梯就在老太太家門旁邊，佳佳見老太太忙個不停，一邊吃麵包一邊問道：「婆婆，您每天早上都打掃啊？」鄰居老太太說道：「是啊，年紀大了睡不好覺，天沒亮就醒了，反正沒事做，打掃一下環境打發時間嘛！小妹妹，今天沒有賴床啊！」

　　佳佳有些不好意思地笑了，說：「我平時愛睡懶覺，鬧鐘都叫不醒我，總是醒得太晚，不過您怎麼知道我今天沒賴床？難不成您一直注意著時間？」老太太說：「我哪知道那麼詳細，今天不是週六，妳跟我打招呼又一點也不著急，肯定是因為時間充裕。」這時電梯來了，佳佳跟老太太告別。

　　屋子裡坐著看電視的老爺爺問道：「怎麼她平時打招呼跟今天不一樣嗎？」老太太說：「當然不一樣了，這小女生挺有禮貌的。今天不急著上班，跟我好好打了招呼；平時她急著去上班，遇見我就直接點頭示意。下班不管再累，見到我也會笑吟吟地打招呼。有時候看她心情不好，

打招呼的時候雖然不怎麼笑，卻也沒少了禮貌，我對她印象滿好的。」

打招呼是我們日常生活中經常會做的一個行為，見到熟悉的朋友我們會笑著跟對方擺手示意；早上到了辦公室看到同事們也會點頭道聲「早上好」；路上遇到陌生人對我們微笑，我們也會笑著回應對方的善意。不過，就是這個生活中最常見的打招呼也會受到情緒的影響，仔細觀察，我們不難發現，在不同的情緒狀態下，每個人打招呼的方式也會有一定的差別。

在日常生活中，心情好的時候和朋友偶遇，我們可能會高興地撲上去，給對方一個擁抱；心情平靜的時候，我們可能只是禮貌地微笑招手；心情差的時候和朋友見面，我們往往連問候都欠缺。這就是情緒在操控著我們的行為。

打招呼的方式有很多種，不同的打招呼方式背後透露出的是不同的情緒和心態。

有些人喜歡向他人招手示意，這種人性格比較開朗，大大咧咧不記仇，待人接物熱情親切，經常照顧他人。有些人則喜歡拍打肩膀，表示關係密切，但如果是上司對下屬做出了拍打肩膀的動作，則很有可能代表了示威的意思。有些人打招呼時習慣用眼睛直勾勾地盯著對方，這種人警惕心強，自我意識強烈，有點以自我為中心，交談的時候常讓人感到

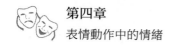
壓力，不懂得為他人著想。有些人打招呼的時候則不喜歡和
他人目光相接，通常情況下這都是心虛的象徵，但這並不代
表他們做了什麼錯事，而是說他們性格內向、膽怯、缺乏自
信，對於人際交往不能夠掌控自如，做決定的時候也容易
猶豫。

　　打招呼雖然只是人們日常生活中的一件小事，卻是我們
經營人際關係時不可忽視的細節。得體的打招呼能提高他人
對我們的印象分，進而讓我們在經營人際關係的時候更加得
心應手，無往不利。

（八）隨口敷衍
—— 交談之中的情緒

　　小睿和室友阿達討論著假期的出遊計畫。他們很早以前就產生了一起出去旅遊的念頭，但是由於工作性質不同，兩個人的假期總是錯開，一個人出去旅遊又覺得有點孤單，所以現在好不容易有了一個共同的假期，小睿興奮極了，一邊查詢心儀的幾個景點，一邊興奮地跟阿達商量：「現在這個季節阿里山風景正好啊，不然我們去南部吧？不過你是不是不喜歡爬山？或者我們去墾丁看海？東港也行，吹著海風吃海鮮，想想就爽死了！」

　　阿達看著手機，顯得有些心不在焉，隨口說道：「你決定就好，我沒什麼意見。」小睿興奮的表情在聽完阿達的話後瞬間轉為疑惑，他離開電腦桌，走到阿達旁邊問：「怎麼了？你不想出去玩了？也沒關係，宅在家裡睡大頭覺也很好，我們能組團打遊戲。」阿達猶豫了片刻說道：「我不是不想出去，只是有點擔心，我媽媽前兩天打電話跟我說她最近生病住院了，我不知道該怎麼辦。我跟她的關係特別差，本來不想管她的，但是心裡總覺得不舒服。」

　　小睿點點頭，他隱約聽說過阿達的家庭，父母離異，阿

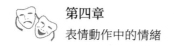

達跟生母的關係很不好，別人家的家事他也不好做評價，便說：「這樣啊，你要是不放心，我陪你一塊去你老家，到了你再決定要不要去醫院探望你媽媽。別在這煩惱了，幫我介紹介紹你老家有什麼好玩的地方。」阿達聽他這麼說，頓時情緒高漲不少，拿出手機邊搜尋邊說：「我跟你說，我們那雖然面積小，景點還真不少，重點是去旅遊的人不多，清淨，你去了我帶你去看……」

溝通等於 70％的情緒加 30％的內容，人與人之間在交談的時候，所進行的並不單單是資訊的交流，也在做情緒的交流。人的行為舉止以及言談措辭無不與情緒有著密切的關聯，交談過程中時刻注意對方的情緒，能夠幫助我們更好地分析現狀和進行進一步的溝通。小睿正是因為發現室友在交談時言語敷衍，態度淡漠，看出了他情緒低落，才及時轉變話題，關心阿達的心情，從而得知阿達的心事，並想出合理的解決方案，將阿達從低落的情緒中解救出來。這可以說是察言觀色最普遍的例子了。

在和他人交流的時候，察言觀色是我們必備的一項技能，這樣能夠讓我們清晰直觀地感受到對方的情緒波動，以便我們調整溝通的方式。如何看出對方是否有和我們交談的興趣呢？這就要靠我們透過對方的肢體動作和面部表情去分析對方的情緒並做出判斷了。

　　一般來說，當我們和他人溝通時，對方左顧右盼、眼神飄忽，就說明對方情緒不高、心不在焉，對於我們所說的內容沒有太大興趣，但礙於禮貌所以並沒有打斷我們的話。這種情況下我們就需要調整一下自己的溝通方式了，轉換話題，或者終止交談，否則不僅無法使溝通產生應有的效果，還容易引起對方的反向心理。

　　小麗因為談戀愛被學校請了家長。爸爸知道後怒不可遏，但還是強壓著心頭怒火和小麗進行溝通。爸爸媽媽先是採取動之以情、曉之以理的方式，試圖說服小麗和那個男孩子分手，但沒想到小麗不耐煩地扭過頭，不和父母對視。她不是看桌子，就是低下頭看自己的鞋，不和父母頂嘴，但也不鬆口，完全沒有認錯的態度。爸爸見狀嚴厲地責備起小麗，要求小麗立即跟對方分手，小麗此時不再是最初不耐煩的態度，而是表現得非常抗拒，臉上寫滿了煩躁的情緒，瞪著爸爸。

　　爸爸氣得高高揚起了手，眼看就要把小麗揍上一頓，媽媽連忙攔住了他。

　　看小麗這副抗拒到底的姿態，媽媽就知道現在跟她說什麼，她都不會願意跟那個男孩子分手的，於是媽媽說道：「妳要是真的喜歡那個男孩，我和妳爸爸也可以不反對。」小麗聽完後好奇地轉過頭來看著媽媽，似乎有些難以置信，開口問道：「真的嗎？」

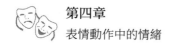

媽媽說：「當然是真的，不過媽媽有一個條件，妳和那個男孩子談戀愛可以，但是不能夠因為談戀愛影響妳的成績。妳馬上就要升入高三了，孰輕孰重我想妳分得清楚，只要你們兩個人一起進步了，爸爸媽媽就能認可和支持你們的感情。」小麗聽到後高興地抱住媽媽說道：「媽媽，妳真好，其實我們早就約好了考同一所大學。妳放心，我一定會更努力讀書的，絕對不讓感情影響我的成績！」小麗現在的乖巧和之前的叛逆判若兩人，爸爸看到後不由得對媽媽豎起了大拇指。

當交談的時候，對方做出了雙手交叉抱胸的動作，則說明對方抗拒與我們交談。雙手交叉抱胸是一個缺乏安全感的動作，當人們擔心在交談中自己會受到什麼傷害的時候，就會做出這種帶著自我保護意味的動作，將自己調整到小心謹慎的防禦狀態，和他人隔離起來。在這種情況之下，雙方很難進行有效溝通。

當交談的時候，對方的兩腳分開，雙手交叉，則說明對方在示威，試圖透過這種動作來宣示自己的權威；也意味著對方的情緒不適合平心靜氣地交談，接下來很有可能會發生爭論。

當交談的時候，對方的眼睛注視著我們，時不時與我們進行眼神交流，並且腳尖正對著我們，則說明對方情緒高

昂，所呈現的是接納的態度，對於正在進行的交談有很大的興趣。這時候我們可以將自己想說的話說出來。

溝通是一門高深的藝術，善於溝通的人能夠經營起良好的人際關係，不善於溝通的人卻往往連朋友都容易得罪。掌握他人的情緒變化，及時調整溝通策略，能夠讓我們更簡單、快捷地達到溝通的目的，讓我們的人際關係變得更加和諧、穩定。

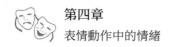
（九）正話反說
── 安撫情緒的技巧

有些人在跟他人聊天的時候，喜歡直來直去，腦子裡沒有那麼多彎彎繞繞，不懂得委婉表達和理解他人的弦外之音；有些人處事圓滑，會用一種更柔和的方式和他人進行溝通，所以有的時候不但不會直白地說出自己的心聲，反而會正話反說。這樣的例子並不少見，在中國古典四大名著之一的《紅樓夢》中，王夫人和黛玉常常會將賈寶玉稱為「混世魔王」、「命中魔星」或「禍胎孽根」等，妻子們在說起自己的丈夫時也常常稱之為「冤家」、「殺千刀的」、「死鬼」等。雖然是貶損的詞語，但這些稱呼中卻無不透露出親暱和喜愛之情，這便是正話反說的妙用。

在幼稚園階段的教育中，老師在維持秩序的時候很少會對小朋友們直接下命令說「不准說話了」、「不准離開座位」、「不准和小朋友打鬧」等，但是卻常常聽到老師正話反說「我看看誰還在說話」、「我看看誰在浪費食物」、「我看看誰還沒有坐到自己的位置上」等。對比觀察，我們可以發現，老師正話反說的效果反而要比直接發號施令更管用，小朋友們聽到這樣的話，往往就會遵照老師的意思去做。

　　因為這兩種說法背後所代表的情緒是有一定區別的：當老師直接發號施令的時候，是帶有憤怒情緒的，小朋友會感到恐懼，還有可能因此而哭出來，甚至對老師產生害怕和牴觸的心理；而老師用正話反說的方式，減少了語氣中嚴厲的成分，卻能夠向小朋友們傳遞老師可能要生氣的訊息，讓小朋友們自覺規範自己的行為。

　　相比有話直說，正話反說有時候不僅能夠更明晰地表現出我們的情緒，還能讓談話的效果更加有趣。野史中，有這樣一則關於清朝大才子紀曉嵐正話反說的故事：

　　紀曉嵐曾經為朝廷中一個翰林的母親在壽誕上作了一篇祝壽詞，開篇便震驚全場。紀曉嵐來到大廳之中，看到身著華服、安穩落座的翰林母親時便開口說道：「這個婆娘不是人。」話音剛落，屋子裡頓時喧嘩起來，很多人都覺得這紀曉嵐是瘋了，竟然跑到別人母親的壽誕上說這種胡話，正當有人要開口責備他的時候，紀曉嵐繼續說道：「九天仙女下凡塵。」

　　翰林母親聽完後頓時笑顏逐開，滿屋人懸起來的心也落了下來。可是他們的高興情緒還沒有維持多久，就被紀曉嵐的下一句話打斷了，只聽他說：「生下五男都是賊。」這下翰林的臉色立即黑了，不知道紀曉嵐到底想做什麼，但很快大家都被紀曉嵐的最後一句話逗得哈哈大笑，因為最後一句正是「偷得蟠桃獻母親」。

一篇祝壽詞讓人的情緒如此起伏，帶來一波三折的戲劇性變化，但卻妙趣橫生，逗得老夫人和翰林大人滿心歡喜，並且給人留下了深刻的印象，既讓人感受到了紀曉嵐這個大才子的創意和文采，又讓人看出紀曉嵐幽默的性格。

在現實生活中也不乏正話反說的例子。有這麼一則笑話：

兩個農民在商店裡買農用物資，開店的也是相熟的同村人，其中一個農民想知道商店新上架的一款農藥的效果，便問旁邊的那個農民道：「誒，你上次不是在這買了這個農藥嗎？效果怎麼樣？」買過藥的農民本來想說效果不好，讓他不要買，但當著店主的面，買過藥的農民自然不好直說，這樣難免會傷了彼此的和氣。但他又不好欺騙別人，於是他腦筋一轉，想到一番好說辭。只見他笑著說道：「哎呀，效果特別好。」

店主聽完笑咪咪的，沒買過藥的那位農民聞聽此話連忙追問道：「怎麼個好法？和之前的比好在哪？」買過藥的農民說：「前兩天我老婆和我吵架了，誰知道她一時之間想不開，抓著我新買的農藥就灌了下去，結果一點事都沒有，這不是好極了嗎？我正想送一面錦旗到商店來呢！」沒買過藥的那個農民聽完會心一笑，頓時明白了對方話中的真意，店主此時也明白了他話裡的意思，知道他那番話中所包含的善意，於是大度地說道：「哎呀，你這個人啊，愛開玩笑，這

次是我看走眼了，進錯了貨，下次有新貨，我先替你送去一瓶，讓你免費試用，可以吧？」說罷，三個人哈哈一笑，彼此心中毫無芥蒂。

在勸說他人的時候，尤其是向上司提意見的時候，正話反說往往能夠比仗義執言更容易被上司採納。

春秋時期，齊國的君主齊景公非常喜歡鳥，有一次他得到了一隻特別漂亮的鳥，他非常喜歡這隻鳥，就專門派一個叫燭鄒的人負責養護這隻鳥。但是沒想到才過去幾天，燭鄒一個不小心就讓這隻鳥飛走了。齊景公氣得怒火沖天，非要親手殺死燭鄒不可。

周圍的臣子和侍從見狀都不敢攔，這時大臣晏子說道：「大王要殺死燭鄒不必急於一時，既然燭鄒該死，那麼至少讓我宣布了燭鄒的罪狀，大王才好名正言順地殺他，也讓他死個明白。」齊景公聽到晏子沒有反對自己，便答應了晏子的請求。晏子走到被侍從們五花大綁的燭鄒面前，厲聲說道：「你可知道王上為什麼要殺你嗎？因為你罪責難逃，現在我就告訴你，你到底犯了哪些罪！你的罪狀一共有三條 —— 大王信任你，把心愛的小鳥交給你養護，你卻不仔細養護，讓鳥飛走了，這是你的第一條罪狀；要不是你把鳥放跑了，我們英明的王上也不會因為區區一隻鳥就要殺人，讓國君失德，這是你的第二條罪狀；如果其他諸侯、百姓知道國君為了一

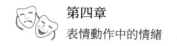
隻鳥而殺死臣民，必然會認為國君重視小鳥甚於千萬百姓的性命，國君不僅會因此失德於百姓，更會被諸侯輕視，導致國基不穩，這是你的第三條罪狀。所以現在你必須認罪伏誅！」說完之後，晏子轉過身對齊景公說道：「現在燭鄒的罪責已明，王上您可以動手了。」

齊景公聽了晏子的一番話，怎麼會不知道晏子那番話看似是向燭鄒講清楚他的罪狀，實際上則是為了變相勸諫自己，向自己說明仗著國君權勢濫殺無辜會帶來的可怕後果呢？他也意識到自己因為一隻鳥就要殺人的行為太過分了，所以他擺擺手說道：「算了，他罪不至死，把他放了吧。」隨後齊景公走到晏子面前，拱手施禮道：「多謝您及時點醒我，否則我必定鑄成大錯，為國家安定埋下禍根啊。」

如果晏子不是透過正話反說的方式讓齊景公聽懂自己的弦外之音，而是在齊景公盛怒之下直言相諫，不但不能阻止齊景公的荒唐行為，反而會將齊景公的怒火引到自己身上，甚至可能搭上自己的性命，造成更大的悲劇。

由此看來，在某些情況下，正話反說有時候比起直言要管用得多。溝通的方式是多種多樣的，掌握多種溝通方式和溝通思路，及時分析和判斷形勢，並隨機應變，能夠讓我們更好地實現情緒、資訊和思想的交流，這樣才能讓我們的人際關係更加和諧、緊密。

第五章

做情緒的主人

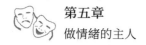
（一）不當情緒的奴隸
—— 如何主宰情緒

　　小悅剛剛參加了公務員考試，雖然她努力看書，做了很多練習題，但考試的時候，試卷上依然有很多題是她根本答不出來的，不用對答案查閱成績，她就知道自己這次肯定沒有考好。考試結束後，她心裡特別煩躁，回到家之後更是徹底「宅」了起來，除了吃飯、睡覺就是玩手機，別的什麼事情都不想做。媽媽不知道小悅心裡在煩些什麼，也不知道她考試考砸的事情，只是見她整天悶在屋子裡，不出去找同學逛街，也不和自己談心，便有些擔心，於是忍不住嘮叨她：「現在不是公布成績了嗎？妳考得怎麼樣，妳查一下成績啊，沒考好就多看看書，別老是玩遊戲。這幾天天氣這麼好，也不找朋友出去玩，整天待在家裡，妳要是不出去就起來幫忙做家事。妳看看妳，沒骨頭似的，不是躺在床上就是窩在沙發上，現在的年輕人有幾個跟妳一樣這麼沒有上進心啊……」

　　小悅不耐煩地打斷媽媽的話：「別說了，妳煩死了，整天嘮嘮叨叨沒完，妳怎麼不說我一出門妳就老是打電話給我啊，不接就不停地打，煩都煩死了。出去玩就是圖個高興，

妳這麼奪命連環 call 誰會開心，妳不就不想看見我嗎？我這就出去，不在家礙妳的眼行了吧。」一番話把媽媽也說得滿腔怒火，扔掉手裡摺了一半的衣服說道：「我這還不是因為擔心妳嗎？現在外面社會那麼亂，妳一個女孩子家要是出了什麼事情怎麼辦？妳出去從來不說做什麼、和誰一起、什麼時候回來，這樣我怎麼放心得下？妳自己主動報備不就什麼事情都沒有了嗎？妳就非要氣我不可……」說著摀著臉哭了起來，小悅見狀頭痛不已地認錯：「媽，妳別哭了，我錯了還不行嗎！好了，我不出去玩了，我在家乖乖幫妳做家事行了吧？」

　　小悅很清楚，媽媽說的都是實情，也都是為她好，但她一向不是乖乖女的性格。平時心情好，媽媽的話她倒能夠洗耳恭聽，但是最近自己的情緒本來就非常暴躁，所以媽媽嘮叨兩句，她的情緒便難以控制了，說話也就有點不經大腦，什麼難聽說什麼，難免會傷媽媽的心。小悅對於自己突然遷怒母親的行為也感到非常愧疚，但她就是控制不住自己的情緒，這讓她非常苦惱。

　　琪琪決定向自己喜歡的男生告白，但是她嘗試了三次，每次都以失敗告終，因為她無論如何都說不出口。雖然她的朋友一直在暗處為她加油打氣，但她還是在喜歡的人面前頻頻落荒而逃。琪琪的好朋友見她又一次沒把告白的話說出

口，不由得著急埋怨她道：「哎呀，妳怎麼那麼沒用啊！『我喜歡你』這四個字不是張口就能說出來嗎？我們在寢室裡演練了好多遍了啊，怎麼就是說不出來呢？妳老是關鍵時候掉鏈子，什麼時候才能追上他啊！」

琪琪說道：「我也不知道怎麼回事啊，看著他的照片演練的時候還好，可是一見到他真人，不知道為什麼我就好緊張。我當時都感覺得到我的臉特別紅、特別熱，心跳的聲音也特別明顯，大腦一片空白，要說什麼也都忘了。別說讓我告白了，我一看見他的臉就暈暈乎乎的，不知道自己該說什麼了。」

生活中，我們會遇見各種突發狀況，面對不同情況的時候，我們也會產生各種情緒。積極的情緒對我們來說自然是好事，而消極的情緒卻往往會讓我們失控，使我們為發洩不良情緒而做出不理智的行為，影響自身的工作和生活，甚至遷怒他人，破壞人際關係的和諧與穩定，給我們的生活造成很大的麻煩，讓我們不堪其擾。

那麼，我們該如何做情緒的主人，掌控情緒而不是被情緒控制呢？

第一步，我們要做的就是體察自己的情緒，知道自己的情緒處於怎樣的狀態。當我們和其他人發生爭執的時候，我們要弄清楚自己的情緒狀態，如果生氣，那麼就在心中思考

一下我們為什麼會生氣，目的是什麼，怎樣才能解決當前所面臨的問題。例如：當我們因為戀人忘記在節日時送禮物給我們而生氣，甚至和對方冷戰的時候，我們可以先分析一下自己為什麼生氣，當前的局面是如何造成的，明確自己是否希望事情到這個地步，有沒有好的方法來化解冷戰等等。人們在生氣的時候往往意識不到自己的情緒，所以才會被情緒控制，做出一些毫無理智的事情。體察情緒是管理情緒的第一步，我們只有先察覺到自己的情緒，才能夠著手管理自己的情緒。

第二步，要懂得正確表達自己的情緒，把埋怨的話語改成關心的問候。有些人刀子嘴豆腐心，明明心裡想的是為別人好，話到了嘴邊卻變得惡聲惡氣，善意的初衷都被埋沒了。

小穎的丈夫又一次加班在外面應酬，眼看時針指向十一點了，丈夫卻始終沒有回來，小穎不由得有些擔心，睡也睡不著，怕他喝了酒，回來路上出什麼問題。她拿出手機打了通電話給丈夫，電話響了一陣被接了起來，裡面聲音非常嘈雜，能聽出來是一群大男人在叫囂著拼酒。丈夫疑惑地問道：「有什麼事嗎？之前不是打過電話了？怎麼又打？」一句話引發了小穎的滿腔怒火，她喊道：「沒事不能找你嗎？還問我為什麼又打電話，要不是因為你一直不回家，你以為

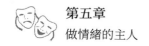

我會管你？我才打了幾通電話你就嫌我煩，大晚上還在外面跟人家喝酒，怎麼不喝死你，你乾脆別回來了！」

丈夫一聽也動了火：「妳這個人講不講理，我就在外面喝個酒，妳用得著詛咒我嗎？」夫妻倆在電話裡你一言我一語地吵了起來。小穎掛上電話，生了半天悶氣，才想起來本來自己是想叮囑丈夫喝酒回來注意安全的，卻因為一時火上心頭，跟丈夫爭吵間把這件事忘了個一乾二淨。

如果小穎不是和丈夫爭執，而是將「你這麼晚還不回家，我很擔心你的安全」這種感受傳達給丈夫，那麼丈夫在感到溫暖、安慰和關愛的同時也會回饋給小穎同等的安慰和關愛。而小穎指責丈夫則是直接將自己和丈夫擺在了對立面上，像戰場上敵對的兩個人，對方不可能站在我們的角度上思考，他只會為自己辯護。這樣一來，爭吵就無法避免了。所以，以適當的方式表達情緒能夠讓我們的溝通變得更加有效，讓我們的人際關係更加和諧，讓我們走的彎路更少。

當然，我們還要懂得合理紓解自己的情緒。在日常生活中，產生情緒波動非常正常，打遊戲時遇見「豬隊友」還會氣得想要破口大罵呢，更何況我們面對的是生活中層出不窮、或大或小的煩惱，因此出現不良情緒是不可避免的。發現自己有不良情緒之後，很多人會下意識地壓制自己的情緒，盡量做到喜怒不形於色。但無視自己的情緒對我們控制

情緒來說，並沒有任何幫助，因為情緒就在那裡，如果沒有發洩出來，它便會積壓下去，越積越多，直到某一天因為一根導火索引發情緒的「大爆炸」。

網路上有句話叫：「對你突然發火的人，你不知道他在心裡忍了你多少次。」人們情緒的突然爆發不是毫無緣由的，而是積壓已久的情緒到了臨界點。所以無視和壓抑自己的情緒，並不能夠幫助我們紓解不良情緒，在適當的時候選擇恰當的方式紓解自己的情緒，才能夠避免某一時刻情緒的大爆發。

紓解情緒的方法有很多，不同性格的人選擇的方式也不同，但每種紓解情緒的方式都能夠產生相應的效果。有些人喜歡透過拳擊、跑步、和朋友聊天的方式來發洩自己的情緒；有些人喜歡透過逛街購物、和朋友去酒吧的方式來發洩情緒；有些人撲到父母懷裡大哭；有些人則透過痛哭一場或者向朋友訴苦的方式來發洩自己的情緒；有些人有不滿則會直接說出來，不會將情緒積壓在心裡。這些都不失為發洩情緒的好辦法，除此之外，我們還可以聽聽音樂、散散步、做些自己感興趣的事情來避免不良情緒的反覆侵擾。

紓解情緒並不代表之前的不良情緒會消失無蹤，而是說暫時讓我們從不良情緒中解脫出來，讓理性思維能力重新回到我們的頭腦之中，讓我們可以更理智地去看待問題、解決

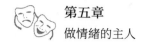
問題。如果僅僅靠紓解情緒的方式來應對不良情緒，那麼我
們只能夠獲得暫時的平靜，之後我們還是要面對讓我們產生
不良情緒的問題，甚至可能承受加倍的壓力和痛苦。紓解情
緒之後，找回勇氣和智慧，勇敢地重新面對引起情緒問題的
源頭，才能夠真正地解決問題。

（二）審視情緒
—— 做情緒的觀察者

　　夏日午後，瀟瀟和閨蜜小蕾約著一起去逛街，但是瀟瀟在約好的時間到達指定的位置時，卻沒有看到小蕾的蹤影。瀟瀟耐著性子等了二十分鐘，燥熱的天氣讓她煩悶不已，小蕾遲遲不到也令她感到有些擔心，她不時打開手機看一下時間，額頭和手心都是汗水。她掏出紙巾擦了擦，最後還是忍不住打了電話給小蕾，但是不知道為什麼小蕾沒有接。瀟瀟心裡更加煩躁，她不知道為什麼小蕾沒有按照約定的時間和自己會合，也不知道為什麼小蕾不接她的電話。她不由得開始胡思亂想，會不會是小蕾在路上遇到了塞車？或者她現在才剛剛出門？不接電話難道是因為她的手機靜音了？還是說小蕾光顧著自己玩，看天氣太熱，打算放自己「鴿子」？

　　各種念頭在瀟瀟的腦海中交織成一團，她煩躁地在附近的陰涼處走來走去，不時地看看周圍來往的人群，希望能夠看到小蕾的身影。但是她的希望一次次落空，打出去的電話、傳出去的訊息也沒有任何回覆。她的擔憂不斷增長，又等了二十分鐘之後她終於看到了小蕾，小蕾的臉色看上去非常難看，沒有半點笑容，見到自己更是連招呼都懶得打，更

沒有對之前不接電話和遲到做任何解釋。

　　瀟瀟的擔憂頓時轉化為滿腔怒火，她不由得質問道：「我打了那麼多通電話，妳為什麼不接？傳訊息妳也不回，不是說好了四點過來嗎？妳都遲到了快一個小時了，妳怎麼回事啊？」小蕾本來在公車上擠了一個多小時，心情就很糟糕了，聽到瀟瀟毫不留情的指責，心裡更是火大，說話也不客氣了：「車上那麼多人，擠都快擠死了，哪有時間接妳電話、回妳訊息，妳以為我願意塞車啊！我一下車就往這邊趕了，一點都不敢耽擱，不就讓妳等了一下嗎？以前我等妳多少次我有說什麼嗎？我就遲到這一次，妳犯得著這樣嗎？」

　　兩個人都不爽對方的態度，直接在太陽底下爭論起來，你一言我一語吵得不可開交。最後小蕾先停戰，她一邊用手給自己搧風一邊說道：「熱都快熱死了，大太陽底下吵架，我真是有病，不想吵了。我出門可不是為了跟妳吵架，再吵連逛街的心情都沒有了，總不能白出來一趟，先找個地方吃點東西吧。」瀟瀟見狀也及時收聲，冷著臉跟她去了一家飯店。喝著冰飲，吹著冷氣，兩個人煩躁的心情頓時得到了改善，臉色也稍微好看了一點，只是礙於面子，兩個人都不肯先跟對方說話。

　　看著面色疲憊、大口吃麵的小蕾，瀟瀟不由得開始反思自己的行為和分析自己情緒，明明知道小蕾離得遠，可能會

遲到，為什麼當時還會對小蕾發那麼大的火呢？見面時也不是沒有看到小蕾因為急著趕過來找自己會合而熱得滿頭大汗的樣子，也不是沒有看出小蕾情緒的低落，可是自己卻沒有問一問小蕾為什麼心情不好，而是直接態度嚴厲地出言指責。如果說純粹是因為擔心小蕾才生氣的，她自己都不相信，瀟瀟很清楚，大熱天出門，心情本來就非常差，等人的時候更是在不斷累積對小蕾遲到的不滿，自己之所以會發火，不是沒有遷怒的成分，自己把壞情緒發洩到了小蕾身上，先出言不善，才導致小蕾跟自己針鋒相對。

她正猶豫著不知道該怎麼開口，小蕾那邊已經把道歉說出了口：「對不起，今天是我不對，掛了你電話之後我就出門坐車，可是路上塞車了，我手機靜音放在包裡，車上人又多，就沒有去留意妳的訊息和來電，讓妳等這麼久。可是剛下車那時我心情特別煩躁，不僅沒跟妳好好道歉，還對妳發脾氣，是我不好，希望妳別生我的氣，妳大人有大量，就原諒我一次吧？」

瀟瀟聽完後羞愧地擺手道：「我做得也不對，我不該說話那麼難聽。我們就別說什麼原不原諒了，待會兒先看鞋子還是先看衣服？我看到一家店剛上了新款的裙子，妳肯定喜歡，等一下我們一起去看看吧。」小蕾聽完就拎起包說：「嗯，我吃完了，我們現在就去看吧，晚了就被人買走了。」

兩個人挽著手說說笑笑走了出去，剛才的爭吵絲毫沒有影響她們的感情，反而讓她們之間的友誼更加親密了。

　　一般來說，人們在情緒上來的時候很難意識到自己的情緒狀態，等到轉換了環境或是那陣情緒過去之後才能夠意識到，也找回了理智和思維能力，開始分析和判斷情緒產生的原因。國外的心理學家透過研究發現，情緒的產生與人體的一種激素 —— 褪黑素的累積有關，每個人的體內都有著或多或少的褪黑激素，當這種激素累積過多之後就會讓人產生情緒變化，尤其容易出現煩躁不安、沮喪易怒等情緒。

　　這算是情緒產生的一種內因，除身體內的激素多少之外，人們的情緒還會根據環境和當時的狀況而發生改變。時刻觀察自己的情緒，養成監控自己思維和情緒狀態的習慣，能夠讓我們及時分析情緒變化的原因，掌握情緒變化的規律，並將其運用到日常生活中，這樣更方便我們與他人之間的交流。即便我們無法支配自己的情緒，至少我們能夠在情緒產生變化之前有一定的準備，不至於情緒一時失控，破壞了自己與他人之間的人際關係。

（三）順從情緒
—— 不能抗拒就接受

　　阿越和自己的室友阿亮常常因為生活中的一些小摩擦而鬥嘴，其他室友總在他們產生矛盾之前及時將他們兩個分隔開來，這樣一來兩個人才沒有直接動手打上一架。但是阿越發現「眼不見心不煩」那套說法對自己來說根本不管用，即便自己看不見阿亮，他還是會沉浸於和阿亮吵嘴時的憤怒情緒中難以自拔，總想把那些憤怒發洩出來。

　　同時，每次阿越都會誤傷好心勸架的室友，他知道自己這樣不好，所以總想著控制自己不要發火，尤其不要對無辜的室友發火，但是這並不管用。他一面在心裡壓抑自己的情緒，一面卻更加憤怒，甚至恨不得出去和所有阻攔自己的人痛痛快快地打上一架。為了緩解自己的憤怒，避免遷怒室友，每次和阿亮吵架時他都選擇將自己的東西摔到地上，然後關上廁所的門，對著牆一通發洩。發洩之後他的情緒便會好很多，室友們看透了他的情緒規律，每次看他情緒暴躁的時候便自覺地緘口不言，等他發洩完了之後才和他繼續交流。

　　控制情緒對每個人來說都是一件非常困難的事情，但有時候礙於種種因素我們卻不得不強行壓制自己的情緒。小孩子為

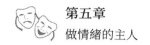
了媽媽那句「乖孩子，真聽話」的誇讚，選擇壓制自己悲傷的情緒，放下手裡心愛的玩具；青少年為了博得父母和師長的肯定，壓抑自己對遊戲的渴望情緒，奮戰於書山題海；自卑的妻子為了挽留無情的丈夫，壓抑自己的委屈情緒，強顏歡笑討好對方；公司職員被戴上「老好人」的高帽子後，壓抑自己的不滿情緒，不停地去幫別人做「分外之事」；相互仇視的商業菁英為了彼此的利益，忍受著不滿，硬著頭皮和對方坐在同一張桌子上談合作。迫於外界環境的壓力，我們必須控制自己的情緒，但是有些時候，當我們試圖去控制自己情緒的時候，卻發現我們的努力並沒有什麼作用。

小楊被選為年級代表上臺演講，可是當他看到臺下密密麻麻的人影時，他的情緒卻突然緊張了起來，腦海中一片空白，之前背誦的演講詞也都忘得一乾二淨了。眼看就要輪到自己上臺演講，小楊非常著急，連忙求助於一旁的學長，學長見狀，將自己的經驗分享給了小楊：「你現在可千萬不能緊張啊，一緊張你就會在關鍵的時候掉鏈子，要是演講中忘詞了那多丟臉。你只要控制你自己的情緒，深呼吸，就不會影響發揮了。」小楊採用了學長教授的深呼氣緩解緊張法，深呼氣、長舒氣並不斷地暗示自己「不要緊張，你可以的」。

但是他發現這種方法對他來說沒什麼效果，他清晰地感覺到自己的緊張情緒還在不斷地增長，他手心全是汗，額頭

上也滾落下來大滴大滴的汗珠，他甚至都能聽到自己胸膛裡劇烈的心跳聲。他慌亂中再次求助於學長，學長也不知如何幫他了。這時候老師帶著笑容走了過來，小楊急切地向老師求助，老師從容不迫地說道：「緊張就緊張啊，第一次上臺對著這麼多人演講，緊張多正常啊！風刮樹葉動，你難道還能攔著樹葉不讓它嘩嘩作響嗎？」小楊聽完老師的話一怔，忽然有點明白了。

小楊的心情平復了很多，隨即他又問道：「可是老師，我一緊張就容易忘詞，我到時候要是想不起來怎麼辦啊？」老師反問道：「還記得駱賓王的〈詠鵝〉和孟浩然的〈春曉〉怎麼背嗎？」小楊懵懂地點點頭，老師接著說道：「那就沒關係，相信你自己，你那麼用心，背了那麼久，文字都變成記憶，刻在你的腦海裡了。你肯定能背出來，要是實在不行，你就直接看一眼演講稿，不就好了嗎？」

小楊看著老師的笑臉，心情頓時好了很多，他沒再想控制自己的緊張情緒。這時，他發現自己的心跳沒有那麼劇烈了，手心也不再出汗，背過的演講詞也重新回到嘴邊了。輪到他上臺時，他從容自信地向大家問好，然後清晰流暢地把演講詞聲情並茂地講了出來，臺下掌聲如潮。

在面對不良情緒的侵擾時，我們的第一個念頭總是「這樣不好，我不能放任自己的情緒，我要盡快控制住自己」。

所以我們掩飾自己的恐懼，轉移自己的憤怒，壓制自己的緊張，卻發現完全不奏效，掩飾恐懼可能被輕易戳破，轉移憤怒也許會誤傷無辜，壓制緊張反而招致情緒反彈。真正控制和消滅情緒的時候，我們就會發現這樣做難度實在太大了，將不良情緒壓抑下去，雖然暫時不會面臨情緒失控的危機，卻會影響我們的身心健康，現在的許多身體疾病和心理問題都是由於壓制情緒造成的。如果不能夠將不良情緒壓制下去，那麼我們不僅要忍受不良情緒的侵擾，還要忍受控制情緒失敗時帶來的挫敗感，讓自己疲憊不堪，自信心備受打擊。

任何情緒都是有時限的，不良情緒也不例外，就像連綿不斷的細雨，看上去似乎無窮無盡、永不會停，但總有雲銷雨霽的時候。不良情緒總會在某個我們難以察覺的時刻散去，不必費心去苦苦壓抑，即便暫時將不良情緒壓抑下去，它依然會在我們的潛意識中支配我們的行為，操縱我們的喜惡。

當我們意識到自己正在被不良情緒侵擾的時候，不妨試著順從自己的情緒，觀察它，了解它，分析它，接受它。這樣我們才能夠及時地將自己從不良情緒中剝離出來，和自己的情緒融洽相處。

（四）轉移注意力
—— 削弱負面情緒的影響

　　戀愛失敗的芳芳活得特別頹廢，每天不是吃了睡，就是翻開手機看自己和男朋友的聊天紀錄，回想曾經甜蜜的時光，然後號啕大哭。芳芳的朋友小月看到她這個狀況非常擔心，怕她一個人在家悶著悶出病來，就拉著芳芳一起報了一個旅行團。有事情做之後，芳芳稍微打起了精神，收拾了行李跟著旅行團踏上了旅途。

　　坐在大巴士上，小月看到芳芳依舊陰鬱的臉色，本來想問些什麼，但芳芳面色疲憊地扭過頭去，把目光投向了窗外。小月明白這是芳芳拒絕聊天的姿態，所以也不敢問她什麼。但是隨著車子遠離了喧囂的市區，逐漸開到山區，芳芳看手機和獨自垂淚的頻率突然降低了很多，芳芳像突然回過神了一般，有了精神，看著窗外的眼神不再是空洞無物了，偶爾也能和小月說上幾句話。

　　正值秋天，旅行團去的地方安靜秀美，看著眼前秀麗的美景，芳芳很快就從剛開始的悶悶不樂轉為輕鬆愉悅，不僅拉著小月照了很多照片，晚上還吃了很多當地的美食，甚至看到一汪清澈的山泉時，聰聰還興致勃勃地像其他遊客一樣

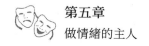
下水戲耍。短短三天的旅行，讓芳芳的情緒徹底變了個樣，她不再是當初那副為情所困、哀怨淒切的樣子，而是恢復到以前神清氣爽、生命力旺盛的狀態，臉上的笑容也重新出現了。

小月看著精神十足的芳芳，不由得舒了一口氣，可是她又有些擔心，害怕芳芳回家之後故態復萌，就委婉地提了提芳芳和男朋友分手的事情。誰知道之前還要死要活的芳芳竟然擺手道：「我好不容易把這件事情忘記了，妳不要又提出來煩我，我已經決定了，過去的事就全部丟進垃圾桶裡，我要展開新的生活了！」說完她又抱了抱小月，感激地說道，「妳最近一直陪著我，我失戀的事情給妳添了很大的麻煩，現在我的心情好多了。謝謝妳呀！」小月這才終於放下心來，和芳芳開起了玩笑：「謝不謝的多見外，請我吃飯就成了，我好久沒吃 buffet 了，妳請我吃吧！」

步入現代社會，每個人都面臨著生活、工作上的多重壓力，分手、失業、沒考出理想成績等事情都會打擊到我們的情緒和精神狀態，讓我們情緒低落、萎靡不振。為了緩解壓力，轉變心態和情緒，人們創造出了多種多樣的減壓和轉移情緒的方式。其中最常見的一種便是注意力轉移法。

注意力轉移法，顧名思義就是要把注意力從引起不良情緒的情境轉移到其他事物上。心理學家研究發現，當嬰兒大

哭的時候，他人可以透過製造三種雜訊來讓嬰兒停止哭泣，這三種雜訊包括洗衣機的轟鳴、電視機裡的聲音或電腦遊戲中的配樂，以及人們說話的聲音。當嬰兒聽到這三種聲音的時候，他們的注意力便會被吸引過去，忘記哭泣。

其中的道理其實很簡單，人的精力是有限的，當有什麼讓他們更感興趣的事情吸引著他們的注意力的時候，他們便會無暇顧及其他。父母在安慰小孩子的時候也會採用這種方式，父母會對哭鬧不休的小孩子許下「只要不哭，便帶你去吃麥當勞、逛遊樂園」的承諾，小孩子一般在聽完之後就會立刻收聲，抹著眼淚要父母馬上兌現承諾。這種方式在成年人身上也同樣適用。

小張媽媽因為小張爸爸晚歸的事情揪著他嘮叨個不停，小張眼看著爸爸煩躁又無奈地在屋子裡走來走去，可是除非爸爸去上廁所，否則小張媽媽就一直追問他「去了哪裡」、「跟誰在一起」、「為什麼不報備」等問題。小張爸爸不堪其擾，半個小時跑了八次廁所，小張媽媽卻依然不肯放過他，小張爸爸無奈地對著在沙發上玩手機的小張露出了求救的神情。小張眼看著媽媽要跟爸爸吵起來了，連忙收了手機說道：「媽，妳追的電視劇要開始了，今天好像有妳最喜歡的男明星來客串，妳不看我就要轉臺看球賽了啊！」

小張媽媽一著急，丟下小張爸爸就衝到了客廳，說道：

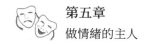
「看看看，怎麼不看，你這孩子，怎麼一點都不體諒媽媽，媽媽就盼著這兩集電視劇呢，你回房間用電腦看你的球賽去。」小張笑著說：「OK，那我回房間了。」電視劇的片頭曲已經播了出來，媽媽目不轉睛地說道：「回吧，回吧。」小張爸爸見狀，小心翼翼地湊到小張媽媽面前說道：「老婆，我跟妳交代一下我晚上幹嘛去了。」小張媽媽一看他正好擋住了電視螢幕，急得直推他：「你別擋著我看電視啊。」

小張爸爸便坐到旁邊，提高了聲音說道：「那個我，晚上啊，跟著老劉一塊去……」小張媽媽果然嫌他吵，說道：「你別說話，我都聽不見電視裡說什麼了。你找兒子看球賽去，別打擾我看電視。」小張爸爸摸摸鼻子轉身走開了，看到妻子還在全神貫注地看電視，再沒有半點精力追究自己晚歸的問題，心裡不由得樂了起來。

當我們被某些情境激發了不良情緒的時候，為了及時控制局面，我們可以將自己的注意力轉移到其他事物上，做些自己感興趣的事情，從而調節自己的情緒，避免自己在原來的情境中反覆被刺激，導致不良情緒繼續醞釀和爆發。

隨著社會的發展和科技的進步，人們轉移注意力的方式也越來越多，有些人喜歡畫畫、聽音樂、散步、下棋、看電影、品嘗美食等不太消耗能量的方式；有些人喜歡跑步、打球、拳擊、賽車、衝浪、打遊戲等耗費能量的方式。不同的

方式轉移注意力的效果卻是相同的。

　　看喜劇節目能夠讓自己破涕為笑，從負面情緒中解脫出來，適當地緩解我們緊張的情緒；運動能夠讓我們的憤怒、煩躁等負面情緒隨著身體的出汗一起排出，讓我們的心態趨於平靜，因為累都快要累死了，誰還有心情去煩惱呢？不良的情緒自然也早就無影無蹤了。釣魚、畫畫、侍弄花草等事情都能夠讓我們的心靈盡快回歸到平靜的狀態。

　　環境的轉換能夠讓我們在較短的時間內將自己的情緒安撫下來，並在自己感興趣的事物中找到新的快樂，阻斷不良刺激源。參與自己感興趣的活動，一方面能夠有效地防止不良情緒的泛化和蔓延；另一方面還能夠促進積極情緒的產生，消除精神上的緊張和壓力，讓我們以全新的面貌面對生活。

電子書購買

爽讀 APP

國家圖書館出版品預行編目資料

因為挫敗太頻繁，所以需要情緒心理學：探究積極人格 × 轉化消極自我 × 識讀微表情，喜怒哀樂沒有好壞之分，學會調節心情，靈活應用各類場景 / 王小軍 著 . -- 第一版 . -- 臺北市：崧燁文化事業有限公司 , 2024.07
面；　公分
POD 版
ISBN 978-626-394-456-5(平裝)
1.CST: 情緒管理 2.CST: 心理學
176.52　　113008562

因為挫敗太頻繁，所以需要情緒心理學：探究積極人格 × 轉化消極自我 × 識讀微表情，喜怒哀樂沒有好壞之分，學會調節心情，靈活應用各類場景

臉書

作　　　者：王小軍
責 任 編 輯：高惠娟
發 行 人：黃振庭
出 版 者：崧燁文化事業有限公司
發 行 者：崧燁文化事業有限公司
E - m a i l：sonbookservice@gmail.com
粉 絲 頁：https://www.facebook.com/sonbookss/
網　　　址：https://sonbook.net/
地　　　址：台北市中正區重慶南路一段 61 號 8 樓
8F., No.61, Sec. 1, Chongqing S. Rd., Zhongzheng Dist., Taipei City 100, Taiwan
電　　　話：(02) 2370-3310　　傳　　真：(02) 2388-1990
印　　　刷：京峯數位服務有限公司
律 師 顧 問：廣華律師事務所 張珮琦律師

定　　　價：375 元
發 行 日 期：2024 年 07 月第一版
◎本書以 POD 印製